집 없이도 쉐어하우스로 제2의 월급 받는 사람들

평범한 직장인들, 천만 원으로 월세 사업을 시작하다

집 없이도 쉐어하우스로 제2의 월급 받는 사람들

함께하는삶(김진영) 지음

쉐어하우스란?

하나의 주거를 여러 사람이 공유하는 것이다. 업체가 개입 입주자를 모집하는 형태로 수십 명 정도의 비교적 규모가 작은 것부터 규모가 큰 아파트도 포함하여 쉐어하우스로 불린다.

— 위키백과 중에서

PROLOGUE

•

투잡보다 쉽고, 연금보다 확실한 쉐어하우스 운영의 비결

쉐어하우스 운영 입문서인 ≪나는 집 없이도 월세 받는다≫를 출간한 지 1년이 조금 넘었습니다. 2017년 2월 ≪나는 집 없이도 월세 받는다≫를 내놓고 많은 분들로부터 '저런 사업이 가능하겠어?', '어떻게 서로 알지도 못하는 성인들이 같이 살 수 있지?', '집 없이 어떻게 월세를 받지?'등 궁금증과 우려가 뒤섞인 질문을 많이 받았습니다. 불과 1~2년 전만 해도 쉐어하우스가 무엇인지, 그 개념조차 생소했던 것이 사실입니다.

그러나 이제는 쉐어하우스가 1인 주거 문화의 대표 트렌드로 자리잡았다 해도 과언이 아니라고 생각합니다.

쉐어하우스를 통해 제 인생도 조금씩 바뀌어가고 있습니다.

저는 현재 쉐어하우스 입주자들을 위한 정보 포털인 '쉐어플러스shareplus'와 쉐어하우스 운영자들을 위한 '쉐어하우스의 모든 것cafe.naver.com/jyjwjm'을 운영하고 있으며, 쉐어하우스 관련 책을 집필하고, 다양한 강연 등에도 초대받고 있습니다. 어찌 보면 쉐어하우스 전도사가 된 듯합니다.

쉐어하우스는 과거의 부동산 임대사업처럼 단순히 공간만 제공하는 형태가 아닙니다. 고객들이 진정으로 원하는 주거 서비스를 제공하고 그 가치에 대한 서비스 대가를 받는 사업입니다. 물론 일반적인 임대사업에 비해서 조금 귀찮을 수 있습니다. 손이 많이 가는 것이 사실이니까요. 그러나 수준 높은 주거 서비스 제공을 통해 충분한 수입을 얻을 수 있다는 것 또한 사실입니다.

집을 여러 채 가지고 있거나 심지어 집을 가지고 있지 않더라도 사업에 뛰어들 수 있다는 장점도 있습니다. 게스트 하우스나 에어비앤비와는 달리 손님이 자주 바뀌지 않으며, 상대적으로 대응할 문제도 많은 편은 아니기 때문에 직장생활과도 충분히 병행할 수 있습니다.

다시 말해 제2의 월급을 만들 수 있는 아주 좋은 파이프라인이 될 수 있는 것입니다.

쉐어하우스 사업의 핵심은 '주거 서비스'

혹자는 쉐어하우스를 월세 벌이의 하나로 생각하는 데 대해 비판할지도 모릅니다. 그러나 시장은 수요와 공급에 따라 움직여야 가장 자연스럽게 발전할 수 있는 것입니다.

쉐어하우스 사업을 구성하는 가장 중요한 요소는 입주자와 운영자입니다.

둘 중 무엇이 더 중요하냐에 대해서는 닭이 먼저냐 달걀이 먼저냐 식의 주장이 분분하겠지만, 적어도 저는 '좋은 주거 서비스의 공급'이 우선이라고 생각합니다. 좋은 사례가 많이 나오면, 즉 기존보다 더 나은 주거 서비스가 많이 공급된다면 그것이 마중물 역할을 할 수 있습니다. 이 책을 통해 좋은 쉐어하우스가 많이 생기면 그만큼 입주자들의 수요도 더욱 커질 것이며, 결국은 시장 자체가 성장하고 수요자와 공급자 모두가 만족하는 사업이 될 수 있을 것입니다.

어디서도 볼 수 없었던 다양한 실제 사례와 경험담

이번 책을 집필한 계기를 만들어준 분들은 저의 처녀작인 ≪나는 집 없이도 월세 받는다≫의 독자분들과 '쉐어하우스의 모든 것' 카페 회원분들입니다. 첫 책이 나올 때만 해도 대중에게 쉐어하우스란 생소한 존재였습니다. 그렇다 보니 대략 어떤 것인지 알고 관심을 가졌더라도, 막상 운영하려면 어디서부터 어떻게 시작하면 좋을지 감을 잡지 못해 어려움을 겪는 분들이 많았습니다. 실제로 이러한 고충을 겪던 중 필자의 졸저를 읽고 나서 쉐어하우스의 사업 모델과 시장 흐름에 대해 알게 되었다는 감사 메일을 많이 받았습니다.

전작이 저의 경험을 기반으로 한 책이었다면, 이 책은 저만의 이야기가 아닌 쉐어하우스를 운영하고 있는 '우리들의 이야기'입니다. 한 사람, 또는 하나의 회사가 아무리 많은 쉐어하우스를 운영하더라도, 이렇게 다양한 사례와 경험을 할 수는 없을 것입니다. 이 책에 실린 '쉐어하우스의 모든 것' 카페 회원들의 좌충우돌 경험담을 통해 쉐어하우스에 대한 명확한 이해와 현재의 시장 현황, 그리고 앞으로 변화할 트렌드를 파악할 수 있으리라 확신합니다.

이 책의 구성과 내용

1장에서는 쉐어하우스 사업에 대한 이해를 돕기 위해 기본적인 개념을 간략히 정리합니다. 쉐어하우스 운영에 관심이 있는 분이라면 궁금했을 만한 핵심 내용들을 담았습니다.

2장에서는 실제 쉐어하우스들의 다양한 운영 사례를 알아봅니다. 오픈 구상에서부터 입지 선정, 적합한 집 구하기, 인테리어, 입주자 모집, 운영 노하우, 실전에서 맞닥뜨린 문제점 등 어디서도 볼 수 없었던 '진짜 쉐어하우스 운영 이야기'가 펼쳐집니다. 쉐어하우스 사업을 구상하는 분들에게는 이후 시나리오를 구상하는 데 실질적인 도움이 되리라 확신합니다. 9곳의 국내 사례와 일본의 쉐어하우스 사례, 쉐어하우스 운영자라면 알아야 할 유용한 서비스도 소개했습니다.

3장에서는 공유 오피스, 파티룸, 스터디룸과 회의실 등 요즘 뜨는 상업용 공간 공유 서비스에 관해 알려드립니다. 기본 개념을 설명하고, 여러 실제 사례를 통해 공유 부동산 전반의 트렌드를 이해할 수 있도록 구성했습니다.

이처럼 이번 책에서는 개념보다는 최대한 많은 사례를 담으려고 노력했습니다. 만약 쉐어하우스에 대한 개념이나 디테일한 운영 팁 등에 대해 더 자세히 알고 싶다면 먼저 ≪나는 집 없이도 월세 받는다≫를 읽어보시길 권합니다.

끝으로, 자신의 경험과 노하우를 아낌없이 공유해준 '쉐어하우스의 모든 것' 회원님들에게 깊은 감사의 말씀을 드립니다.

이 책에 소개된 사례의 주인공들처럼 이 책을 읽고 있는 여러분도 머지않아 쉐어하우스를 통해 새로운 인생을 맞이하길 기원합니다.

CONTENTS

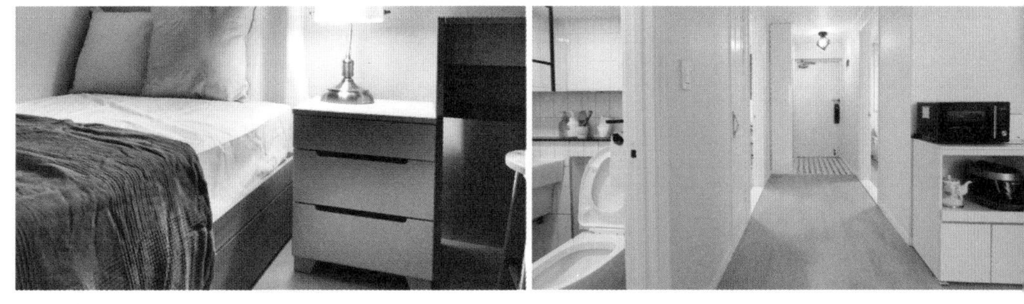

PART 2 구상부터 운영까지! 실전 쉐어하우스 성공기

PART 3 상업용 공유 부동산에 도전하기

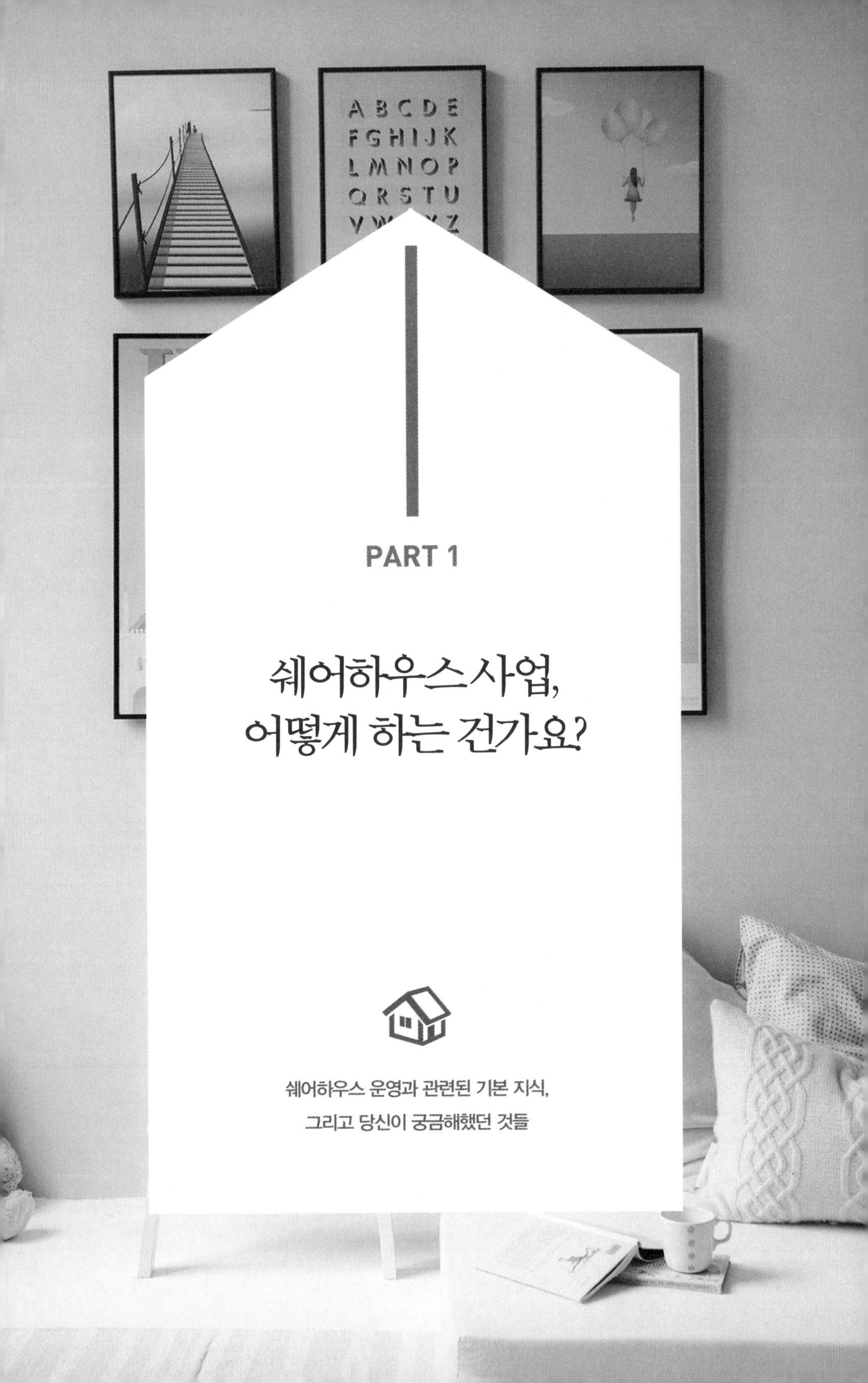

PART 1

쉐어하우스사업, 어떻게 하는 건가요?

쉐어하우스 운영과 관련된 기본 지식,

그리고 당신이 궁금해했던 것들

CHAPTER 1

왜 쉐어하우스가 대세인가요?

필자는 직접 쉐어하우스를 운영하는 한편, 다양한 쉐어하우스에 대한 정보를 모은 쉐어하우스 포털인 '쉐어플러스'라는 서비스를 제공하고 있습니다. 그러면서 쉐어하우스 입주자, 입주를 희망하는 입주 예정자들을 수없이 만났습니다. 한편, 쉐어하우스 관련 강연을 다니며 '쉐어하우스의 모든 것'이라는 커뮤니티도 운영하고 있습니다. 강연과 커뮤니티에는 현직 대표님들은 물론이고 쉐어하우스 투자에 관심을 가진 예비 운영자들이 정말 많이 오십니다.

이처럼 입주와 운영에 대한 서비스를 동시에 제공하고, 입주자와 운영자 양측을 고루 만나면서 그분들이 원하는 것과 필요로 하는 것을 남들보다 조금은 더 깊이 이해하게 되었습니다.

이 책에서는 쉐어하우스 운영과 관련해 궁금해하는 것들, 꼭 알아야 할 사항과 더불어 입주자와 예비입주자들이 요구하는 것은 무엇이며, 서비스 제공자로서 입주자들을 만족시키기 위한 마케팅 및 경영 방식에 관해 말씀드리고자 합니다.

일반적인 임대가 아닌 쉐어하우스를 선택하는 까닭

제가 쉐어하우스의 매력에 빠지게 된 가장 큰 이유는 바로 수요자[입주자]와 공급자[운영자] 모두 만족하는 사업이라는 것입니다. 쉐어하우스 운영자는 한 명이 아닌 여러 명의 입주자들에게 받는 서비스 사용료를 통해 더 많은 수익을 창출할 수 있습니다. 입주자들은 합리적인 가격으로 기존의 임대보다 더 나은 주거 서비스를 누릴 수 있습니다.

쉐어하우스에 거주하는 입주자들을 대상으로 인터뷰해 보면, 가능하다면 쉐어하우스에 계속 살고 싶다는 사람이 과반수 이상이었습니다. 그 이유를 살펴보면 다음과 같습니다.

•• 가성비

일단은 가성비를 들 수 있습니다. 쉐어하우스의 월세는 원룸이나 오피스텔 대비 상대적으로 저렴합니다. 보증금도 보통의 경우 2달 치 월세 정도인 경우가 많아서 목돈 마련에 대한 부담이 적습니다.

또한 젊은 감각에 맞는 세련된 인테리어와 풀옵션 가구와 가전이 구비되어 있으므로 입주자는 개인 물품 정도만 가지고 입주하면 됩니다. 살면서 꼭 필요한 여러 가지 가전제품이나 가구 등을 구입할 필요가 없는 것입니다.

•• 짧은 계약 기간과 1인 가구의 확대

계약 기간이 짧은 것도 큰 이유 중 하나입니다. 쉐어하우스는 보통 6개월 단위 계약을 하고 있으며, 종종 그보다 짧은 단기 계약도 가능하기 때문에 원하는 기간만큼만 살 수 있습니다. 단, 계약 기간을 너무 짧게 설정하여 자주 사람이 바뀌면 함께 거주하는 하우스 메이트들에게 피해를 줄 수 있으므로 운영자는 적정한 기준을 정해야 합니다.

기존 임대에 익숙한 분이라면 '계약 기간이 짧은 것이 어떻게 장점이 될 수 있지?'라고 고개를 갸웃할 수도 있겠습니다. 이와 관련해서는 1인 가구에 대한 이해가 필요합니다. 가족들이 함께 사는 가구라면 최소 계약 단위를 2년으로 하여 한 곳에서 안정적으로 오래 사는 것이 유리하겠지만, 1인 가구는 환경 변화에 따라 언제든지 이동이 필요한 경우가 많습니다. 예를 들어, 지방 대학에 다니는 학생이 서울 소재 회사에서 인턴십을 하거나, 지방에서는 부족한 학원 등을 다니며 취업 준비를 할 수 있는 것입니다. 이런 경우 단기로 거주할 곳이 필요합니다.

스마트폰과 태블릿 등 IT 기기의 보급으로 인해 일과 주거에 있어서 자유롭게 이동이 가능한 시대란 점에서도 쉐어하우스는 큰 강점을 가집니다. 프랑스 사회학자 자크 아탈리의 저서인 《21세기 사전》에 나온 디지털 노마드digital nomad라는 말이 적용되기 가장 좋은 가구 형태가 바로 1인 가구인 것입니다.

•• 새로운 가치 제공

쉐어하우스가 대세가 된 또 하나의 큰 이유는 새로운 가치 제공를 제공한다는 것입니다. 같이 사는 즐거움이 있으며, 안전함여성 전용 쉐어하우스이 보장됩니다. 비슷한 나이나 관심사가 유사한 사람들끼리의 커뮤니티 구성도 가능합니다.

•• 공유 경제의 확산 및 새로운 투자 모델의 제시

공유 경제의 확산으로 인한 인식 변화도 큰 영향을 미쳤다고 생각합니다.

일반적으로 부동산은 신규 공급을 하는 데 시간이 오래 걸리며, 일부 지역의 경우 공급할 토지가 없어서 신규 공급이 불가한 경우도 있습니다. 이러한 부동산 고유의 특성으로 인해 투기 등이 조장되며, 수요자보다는 공급자 주도의 시장이 될 여지가 큽니다. 실제로 뜨는 지역의 임대료가 상승하여 기존 상가 임차인이 쫓겨났다거나, 서울의 전셋값을 견디지 못해 서울을 떠났다는 등의 젠트리피케이션 관련 기사를 어렵지 않게 접할 수 있습니다.

> **공유 경제란?**
>
> 물품을 소유가 아닌 사용의 개념으로 보고, 한 명의 소유자가 물건을 독점하는 것이 아니라 여러 명의 사용자가 물건을 공유하는 방식을 말합니다. 자동차를 공유하는 리프트, 우버 등 집을 공유하는 에어비앤비 등이 대표적인 공유 경제 기업입니다.

이렇다 보니 부동산 관련 사업에는 정부의 규제가 많을 수밖에 없습니다. 그러나 쉐어하우스의 경우에는 한 사람이 전체를 빌려 쓰는 것이 아니라, 여러 사람이 빌려 쓰는 새로운 사업 모델입니다. 부동산 고유의 문제에 대하여 다음과 같은 해결법을 제시할 수 있습니다.

우선 쉐어하우스는 적시 적소에 필요한 주거 서비스를 공급할 수 있습니다. 최근 정부에서 가장 고민하는 것이 급증하는 1인 가구, 그중에서도 청년층에 공급할 주거 서비스인데 쉐어하우스가 가장 좋은 솔루션 중의 하나로 생각됩니다. 이러한 이유로 정부의 정책 또한 친화적입니다.

예를 들어 쉐어하우스를 신축할 경우 도시재생 사업 조건에 충족되면 저리의 이자로 대출해주기도 하며, 쉐어하우스의 전기세를 누진세 대상에서 제외하는 방안 또한 논의 중인 것으로 알고 있습니다. 자치 단체별로 지원하는 사업도 있습니다. 서울시만 해도 한지붕 세대 공감 사업, 빈집 리모델링 사업, 토지 임대부 사회 주택 사업 등 다양한 정책적 지원을 하고 있습니다. 이처럼 쉐어하우스는 정부에서도 긍정적으로 바라보고 있으며, 입주자와 운영자 모두가 행복해지는 보기 드문 사업입니다.

쉐어하우스와 에어비앤비, 어떤 차이가 있을까?

이에 반해 유사한 서비스인 에어비앤비의 경우, 기존 숙박이나 호텔 업종들의 반발과 정부의 정책 및 법규 등의 문제로 운영자들이 많은 어려움을 겪고 있습니다. 까다로운 법규로 인해 법을 위반하여 운영하다가 관광 경찰에게 적

쉐어하우스, 일반 임대사업이나 에어비앤비와 무엇이 다를까

	쉐어하우스	일반임대사업	에어비앤비
고객 접촉	1:N	1:1	1:1 또는 1:N
입주 기간	6개월 단위	1~2년 단위	일/주 단위
사업 규제	낮음	낮음	높음
운영자의 수고	보통	낮음	높음
운영수익	보통	낮음	높음

발되어 운영자가 벌금까지 부과받는 사례도 많이 나타나고 있습니다. 쉐어하우스 강연을 하다 보니, 에어비앤비를 운영하다가 위법에 대한 부담과 숙박객들과의 갈등 등으로 쉐어하우스로 전환하고자 하는 분들을 많이 만나게 되었습니다.

현재 에어비앤비 사업은 여러 규제로 인해 합법적으로 운영할 경우 수익 창출이 다소 어렵습니다. 그래서인지 불법으로 운영하는 경우가 정말 많습니다.

에어비앤비 사업이 나쁘다는 것이 아닙니다. 적어도 현재의 법규 등은 어떠하며 해당 사업이 정부에서 지원하는 사업인지 아니면 규제하는 사업인지 정도는 사전에 분명히 확인하고 사업을 시작해야 할 것입니다. 강조하건대, 어떤 사업이든지 합법적으로 운영해야 합니다. 그런 의미에서 비슷한 공유 경제 기반 사업이라 해도 쉐어하우스가 에어비앤비에 비해 가지는 장점이 확실하다하겠습니다.

쉐어하우스는 전업으로도 가능하지만, 회사에 다니면서도 1~2개 정도는 충분히 운영할 수 있는 좋은 사업입니다. 앞으로 이 책에서 소개할 여러 사례의 주인공들이 그 증거입니다. 회사에 다니면서 쉐어하우스를 운영하여 기존 월급 외의 제2의 파이프라인을 구축한 경우가 많습니다.

CHAPTER 2

국내 쉐어하우스 시장, 어디까지 왔나요?

국내 쉐어하우스 시장에 대해 알아보려면, 먼저 우리나라의 월세 임대사업 관련한 전체적인 시장 크기를 알아야 합니다.

보통 기업에서 신사업을 준비할 때는 접근 가능한 전체 시장 규모를 정의하고, 이 중 자사가 차지할 수 있는 시장 규모를 예측해 나가면서 사업성을 검토합니다. 이러한 방법으로, 쉐어하우스의 시장 규모와 성장 가능성을 분석해보겠습니다.

대한민국 1인 가구 임대 시장의 규모는 약 4.8조 원

2016년 인구주택 총 조사 자료를 살펴보면, 우리나라의 전체 가구 수는 1,983만 가구이며, 이 중 1인 가구의 숫자는 540만 가구로 전체 가구 수의 약 27%를 차지하고 있습니다.

쉐어하우스의 주요 입주 고객이라 할 수 있는 청년층의 1인 가구는 통계청에서 2010년부터 하고 있는 전수 조사 자료를 통해 추정이 가능합니다. 통계청 자료에 따르면, 2016년 기준 청년층20~39세 이하 1인 가구 수는 186만 가구로 전체 가구의 약 9.5%를 차지하고 있습니다. 좀 더 상세하게 2010년과 2016년의 청

대한민국 1인 가구 및 청년층 월세 가구의 추이 (출처 : 통계청)

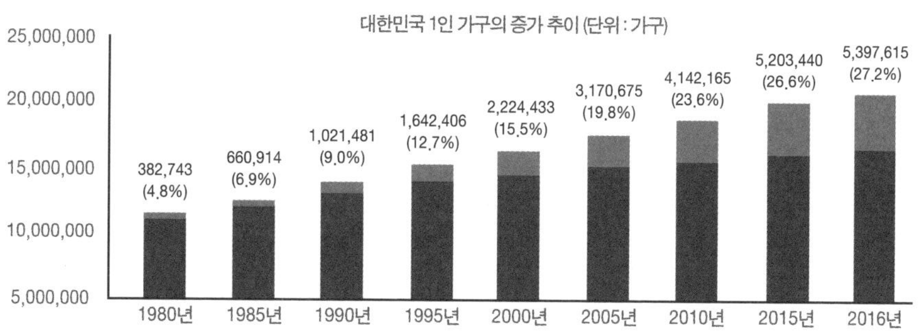

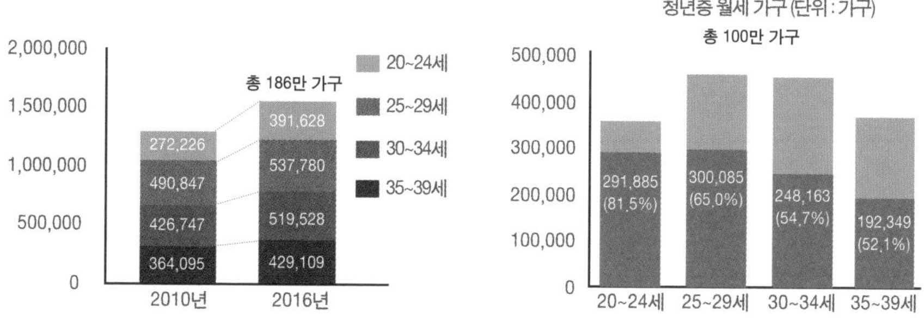

년층 1인 가구를 비교해 보면, 20세 이상 24세 이하는 약 43.9%, 25세 이상 29세 이하는 약 9.56%, 30세 이상 34세 이하는 약 21.7%, 35세 이상 39세 이하는 약 17.9% 증가한 것으로 조사되었습니다. 또한 청년층의 1인 가구 중 월세 가구 숫자는 약 100만 명으로 추산되고 있음을 알 수 있습니다23쪽 그래프 참조.

알기 쉽게 그림으로 설명하면 다음과 같습니다.

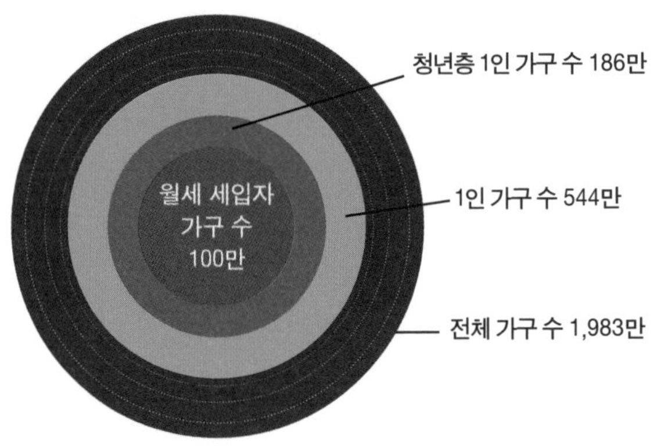

이렇게 조사된 100만 명이 쉐어하우스에 잠재적으로 입주할 수 있는 입주자 전체 시장의 모수가 됩니다.

한 달 월세를 40만 원으로 가정하고 계산해보면, 쉐어하우스 임대사업의 TAM Total Addressable Market 은 연간 약 4.8조 원 규모라고 추정할 수 있습니다 4.8조 원 = 40만 원 × 12개월 × 100만 명.

앞서 이야기한 것처럼 4.8조 원이라는 시장은 쉐어하우스만의 시장 사이즈는 아니고, 청년 1인 가구의 월세 임대 시장의 전체 규모로 생각하면 됩니다.

쉐어하우스는 아직 초기 단계의 시장, 기회는 남아 있다

쉐어하우스는 이미 시장에 존재하는 사업이기에 현재의 시장 규모를 조사하여, 전체 시장 중 어느 정도 차지하는지를 알아보면 향후 성장 가능성을 예측할 수 있을 것입니다.

이를 위해 쉐어하우스 가구 수부터 보겠습니다. 쉐어하우스 관련 포털에 등록된 일반적인 하우스의 숫자가 약 500여 개입니다. 여기에 포털에 등록되지 않은 군소 쉐어하우스를 500개 정도로 추정하면, 현재 대략 1,000여 곳의 쉐어하우스가 존재한다고 볼 수 있겠습니다. 각각의 쉐어하우스당 5명이 거주한다고 가정합시다. 그럼 국내에 약 5,000여 명 정도가 쉐어하우스에서 살고 있다는 추정이 가능합니다. 관련된 월세 시장 규모는 약 240억 원 정도 입니다240억 원 = 40만 원 × 12개월 × 5,000명.

앞서 살펴보았듯 월세 사는 1인 청년 가구의 전체 숫자가 약 100만 명이고, 시장 규모는 4.8조 원입니다. 이 중 쉐어하우스의 시장 점유율은 아직 0.5%100만 명 중 5천 명 / 4.8조 원 중 240억 원밖에 되지 않음을 알 수 있습니다.

이렇듯 쉐어하우스는 시장 초기 단계이며, 생각보다 작은 시장입니다.

현재의 시장이 작다는 것을 보고 시장성이 없는 것 아니냐고 반문하는 사람도 있겠지만, 성장성도 반드시 살펴봐야 합니다.

국내 쉐어하우스 시장의 성장성은?

'얼마나 빠르게 성장할 수 있는가'와 '얼마나 커질 것인가'에 대한 답을 찾음으로써 해당 사업의 잠재성potential이 얼마나 큰지 확인할 수 있습니다.

쉐어하우스 시장이 얼마나 커질지 예측하기가 쉽지는 않습니다. 하지만 유사한 시장의 몇 가지 사례를 조사해보면 어느 정도 추정이 가능합니다. 1인 주거 서비스 중에서 고시원 사례를 살펴보겠습니다. 2014년 기준으로 11,415개의 고시원이 존재하는 것으로 조사되었으며, 고시원별 방의 숫자를 30개라 가정하면 고시원에 거주하는 인원은 34만 2,000명 정도로 추정됩니다. 2015년 인구주택 총 조사의 연령별 1인 가구 비율20대 17%, 30대 18.3%을 적용하면 청년층의 고시원 거주자는 약 12만 명 정도로 계산됩니다.

앞서 조사한 월세 사는 청년층이 100만 명이므로, 청년층 주거의 약 12%가 고시원에 살고 있음을 추정할 수 있습니다. 거주 인원으로만 따져봐도 쉐어하우스보다 24배가량 큰 시장입니다.

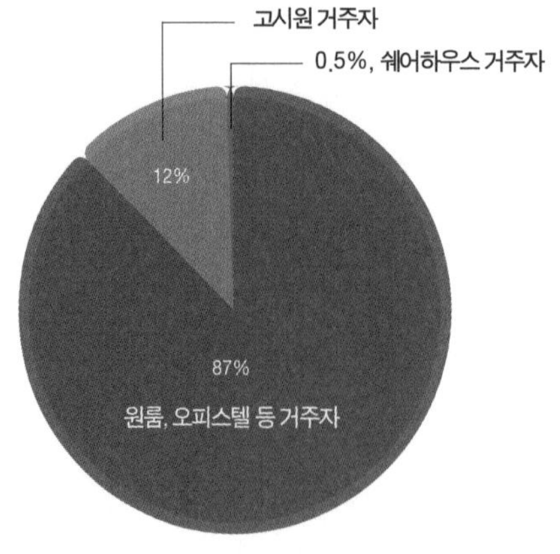

원룸이나 오피스텔을 쉐어하우스와 비교한다면 개인에 따라 호불호가 갈릴 것입니다. 그러나 고시원보다는 쉐어하우스가 훨씬 나은 주거 서비스임을 인정하지 않는 사람

은 드물 것입니다. 쉐어하우스 시장은 향후 고시원 정도의 규모로만 커진다 가정해도 앞으로 24배가 성장할 수 있는 시장인 것입니다.

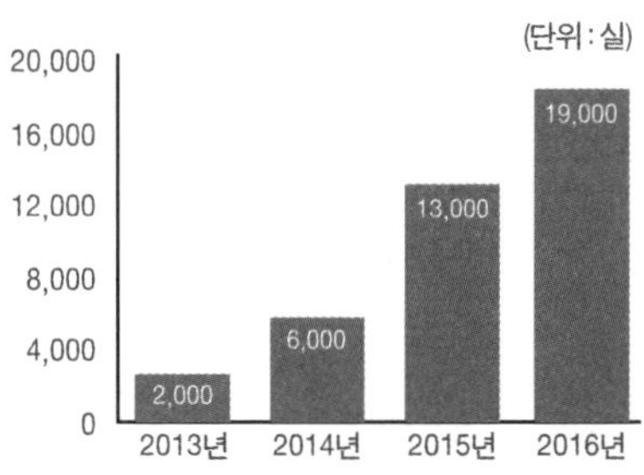

이어서 성장속도를 예측하기 위해 업종·업태는 다르지만 유사한 사업 모델을 가지고 있는 에어비앤비를 살펴보겠습니다. 에어비앤비는 2013년에 2,000여 개의 객실에서 2016년 1만 9,000여 개의 객실로 3년 만에 약 10배가량의 고속 성장을 했습니다.

이처럼 쉐어하우스는 아직 시장 초기 단계이며, 성장 가능성이 매우 높은 잠재성을 가지고 있고, 공유 경제의 확산으로 인해 그 성장 속도도 매우 빠르다고 할 수 있습니다.

국토교통부에서는 2022년까지 청년 쉐어하우스 5만 가구를 공급한다고 발표했습니다.

> 국토교통부가 오는 2022년까지 청년 쉐어하우스를 5만 가구 공급한다. 19일 국토교통부에 따르면 손병석 차관은 서울 성북구 장위동 청년 쉐어하우스 건설 현장을 방문하고 이같이 밝혔다. 이곳은 한국토지주택공사(LH)가 처음으로 추진하는 쉐어형 공공 리모델링 사업지다. 공공 리모델링 임대주택 사업이란 LH가 도심 내 노후주택을 매입해 1~2인용 소형주택으로 리모델링한 뒤 대학생, 독거노인에 우선 공급하는 것이다. 임대료는 시세의 30% 수준이다. **(뉴스핌, 2017년 7월 19일 기사)**

쉐어하우스 시장의 성장 잠재력

2017년

- 5,000가구
- 청년층 1인 가구 월세 시장 점유율 : 0.5%

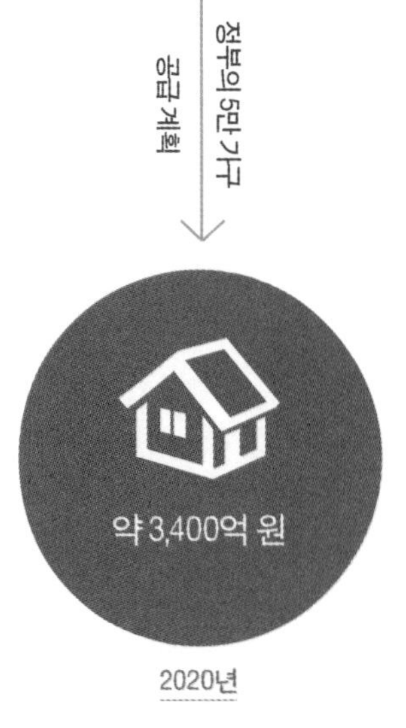

2020년

- 50,000가구
- 청년층 1인 가구 월세 시장 점유율 : 5%

정부에서도 그 성장성과 가능성이 매우 높은 것으로 판단하고 이와 같은 계획을 세웠을 것입니다. 정부의 계획대로만 진행된다고 해도, 시장 규모는 약 3,400억 원 정도입니다. 지금보다 10배로 시장 규모가 커질 것을 예상할 수 있습니다.

요즘처럼 경제가 어려운 시점에서 이렇게 시장이 커지고, 성장 가능성도 높은 사업이 어디 있을까요?

CHAPTER 3

쉐어하우스의 사업 모델은 무엇인가요?

기존의 부동산 임대사업은 공간을 한 명의 사용자에게 제공하고 그 공간 사용에 대한 대가를 받는 단순한 구조였습니다. 쉐어하우스의 경우 공간뿐 아니라 주거 서비스도 같이 공급합니다. 그래서 저는 쉐어하우스에서 매달 나오는 수익은 임대 수익이라기보다는 '서비스 사용료'라고 생각합니다. 중요한 것은 사용자가 한 명이 아닌 여러 명이라는 점입니다.

또, 일반적인 경우 부동산은 동일한 입지에 동일한 시설 및 규모라면 임대료도 차이가 나지 않습니다. 하지만 쉐어하우스의 경우 운영자가 어떻게 하느냐에 따라서 제공하는 서비스의 양과 질이 달라지고 그에 따라 사용료의 차이도

기존 임대사업 vs. 쉐어하우스의 사업 모델

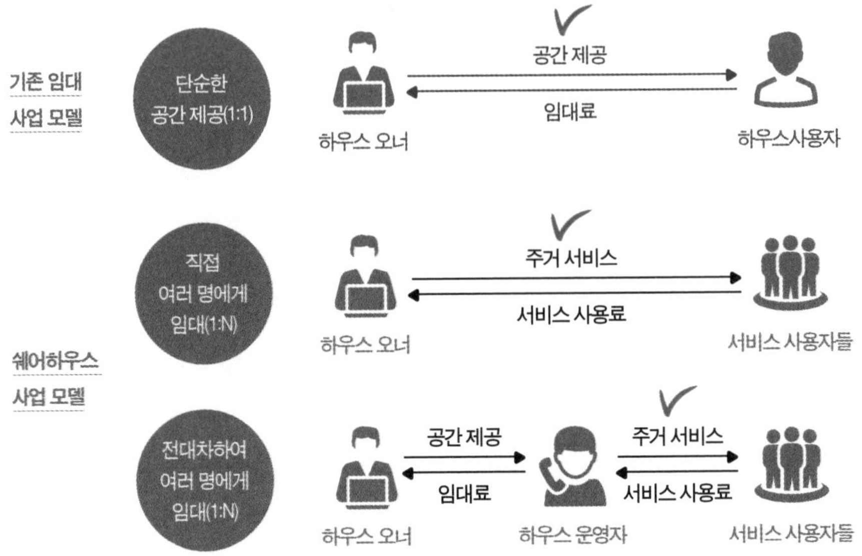

날 수 있습니다.

결국 쉐어하우스는 부동산 고유의 특성을 뛰어넘어 개개인의 능력에 따라 더욱 높은 가치를 형성할 수 있는 것입니다.

물론, 다른 부동산 임대사업과 마찬가지로 좋은 입지를 찾는 것도 매우 중요합니다. 그러나 남들보다 조금 더 노력하여 나은 서비스를 제공한다면, 심지어 입지가 조금 떨어지는 부동산을 가지고서도 가치 있는 사업이 가능합니다.

집 없이도 부동산 임대사업이 가능하다

일반적인 부동산 임대사업의 경우, 반드시 부동산을 소유해야만 수익 창출이 가능하며 규모의 경제라는 게임 룰에 따라 자금력이 큰 사람이 월등하게 유리합니다. 사실 서울에 교통이 편리한 지역에서 방 3개 이상인 집을 매수하려면 아파트는 7~8억 원, 빌라도 최소 3억~4억 원 정도는 지불해야 합니다. 어느 정도 이상의 자금력이 되지 않는 사람은 아예 해당 시장에 참가하기도 어려운 것이 현실입니다.

하지만 쉐어하우스는 내 집을 가지고 있지 않은 사람도 사업이 가능합니다. 앞서 말씀드린 것처럼 쉐어하우스는 단순한 공간 외에 주거 서비스를 제공하는 사업이고, 사용자가 한 명이 아닌 여러 명이기 때문입니다.

대체 어떻게 내 집을 갖지 않고서도 쉐어하우스 사업을 할 수 있다는 것일까요? '전대차'라는 제도를 활용하여 합법적으로 사업을 할 수 있습니다.

전대차는 쉽게 말해 집을 빌려서 다시 최종 사용자에게 집을 빌려주는 것을 말합니다. 실제 시중에 공급되는 대부분의 쉐어하우스들이 전대차를 통해 운영되고 있습니다32쪽 그림 참조.

만약 집을 가지고 있는 분이라면 직접 쉐어하우스를 운영함으로써 기존 임대료보다 훨씬 높은 수익을 얻을 수 있습니다30쪽 중간 그림 참조(쉐어하우스 사업 모델 중 직접 여러 명에게 임대).

그 외에도 다가구 주택 등을 신축 또는 리모델링하여 주인 세대가 해당 건물에 살면서 쉐어하우스로 운영한다면, 노후 대비에 이보다 좋은 사업은 없을 것

새로운 임대사업의 개념, 전대차

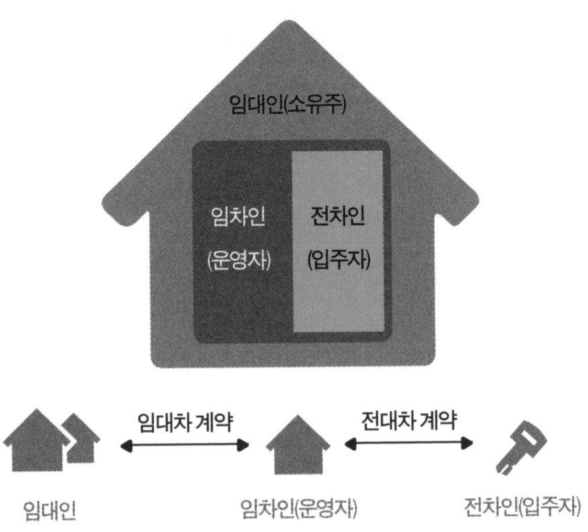

입니다. 통건물 형태의 쉐어하우스는 입지 선정뿐 아니라 적합한 토지나 주택의 형태 등 고려할 사항이 상당히 많습니다. 이에 대해서는 추후 책이나 강의 등을 통해 다시 한번 여러분들에게 알려 드릴 예정입니다.

쉐어하우스의 높은 사업성 때문에 최근에는 개인뿐 아니라 기업에서도 쉐어하우스 사업에 뛰어들고 있습니다. 기업의 경우 직접 부동산을 보유하고 운영하는 업체도 있지만, 개인이 전대차하듯 부동산을 전대차하여 운영하기도 합니다. 결국 개인의 사업과 기업의 사업 간 규모 차이가 있을 뿐 사업 모델상 큰 차이는 없습니다.

다만, 최근에는 일본의 경우처럼 부동산을 보유한 투자회사와 이를 운영하는 운영회사가 분리된 형태로, 투자사는 부동산을 제공하고 운영사는 쉐어하우스를 운영하고 수익 배당을 해주는 사업 모델도 등장하고 있습니다.

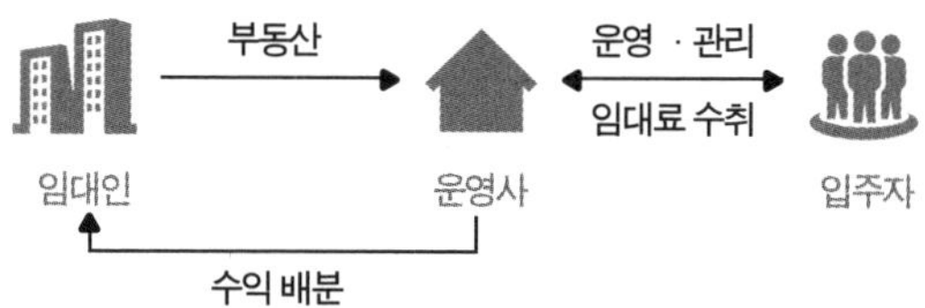

조금 새로운 방식으로는 크라우드 펀딩이 있는데, 쉐어하우스는 꽤 인기가 있어서 금방 모집이 마감되곤 합니다. 사업 구조는 크라우드 펀딩사가 개인 투자자들에게 투자금을 모집하고, 운영사는 쉐어하우스 운영과 관리를 통해 수익을 창출합니다. 이렇게 창출한 수익을 운영사가 투자한 다수의 개인 투자자들에게 배분하고 크라우드 펀딩사에는 수수료를 지급하는 방식입니다.

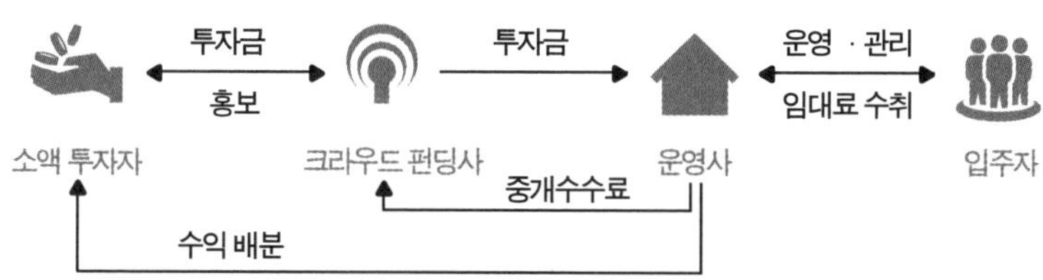

쉐어하우스 투자 또한 엄연한 부동산 투자인데, 크라우드 펀딩 형태의 투자가 가능하다니 의아한 분들도 있을 것입니다. 정부에서는 2016년부터 쉐어하우스를 '공익부동산'으로 인정하여 소액 투자자를 온라인으로 모집하는 증권형지분투자형 크라우드 펀딩을 허용하고 있습니다.

올해부터 누구나 소액으로도 크라우드펀딩 업체를 통해 쉐어하우스 사업에 투자할 수 있게 될 전망이다. …중략… 금융위원회는 8일 쉐어하우스처럼 공익적 목적을 띠는 부동산 사업에 증권형(지분투자형) 크라우드 펀딩을 허용할 방침이라고 밝혔다.지분투자형 크라우드 펀딩이 시행되면 창업 사업 경력 7년 이하의 창업·중소기업은 크라우드 펀딩을 통해 최대 7억 원까지 사업 자금을 조달할 수 있다. 이 정도의 예산이라면 서울·수도권에서도 소형 단독주택, 다가구 주택 등을 매입할 수 있어 크라우드 펀딩이 쉐어하우스 시장의 신규 자금 조달 창구로 충분히 활용될 수 있다. (연합뉴스, 2016년 1월 8일 기사)

이 외에도 향후에는 쉐어하우스 사업이 더욱 다양한 형태의 사업 모델로 확대되리라 예상됩니다.

CHAPTER 4

집을 빌려서 쉐어하우스를 운영할 경우 알아야 할 법규는?

앞서 설명한 것처럼, 집을 빌려서 다시 빌려주는 것을 전대차라고 합니다. 쉐어하우스 시장에서 흔한 사업 모델로서, 전대차를 이용한 쉐어하우스 운영을 구상 중이라면 3가지 관련 민법 조항 정도는 알고 있어야 합니다.

•• 제 629조 임차권의 양도, 전대의 제한

① 임차인은 임대인의 동의 없이 그 권리를 양도하거나 임차물을 전대하지 못한다.

② 임차인이 전항의 규정에 위반한 때에는 임대인은 계약을 해지할 수 있다.

해당 조항에서 설명하는 것처럼 집을 빌려서 쉐어하우스를 운영할 경우 반드시 집주인에게 허락을 받아야 합니다. 만약 사용 용도를 허락받지 않을 경우 계약 기간에 관계없이 집주인에게는 계약을 해지할 수 있는 권리가 생깁니다.

•• 제632조 임차 건물의 소부분을 타인에게 사용케 하는 경우

전 3조의 규정은 건물의 임차인이 그 건물의 소부분을 타인에게 사용하게 하는 경우에는 적용하지 아니한다.

집을 빌려서 본인이 직접 거주하며 일부분을 빌려주는 형태로 쉐어하우스를 운영할 경우 특별한 문제가 없다는 뜻입니다. 다만, 소부분이기 때문에 사용하는 면적보다 빌려주는 면적이 작아야 합니다. 소부분이 명확하게 어느 정도인지는 정의되어 있지 않으므로 주의해야 합니다.

•• 제306조 전세권의 양도, 임대 등

전세권자는 전세권을 타인에게 양도 또는 담보로 제공할 수 있고, 그 존속기간 내에서 그 목적물을 타인에게 전전세 또는 임대할 수 있다. 그러나 설정 행위로 이를 금지한 때에는 그러하지 아니하다.

전세권은 강력한 물권이기 때문에 전세권을 설정한 자가 해당 부동산을 제 3자에게 빌려주어도 문제가 없다는 뜻입니다. 즉, 전세권을 설정하면 집주인과 관계없이 전세권을 설정한 자가 원하는 대로 사용 및 수익이 가능합니다.

하지만 전세권 설정을 하기 위해서는 집주인에게 허락을 받아야 하고 전세권 설정 비용도 들어갑니다. 또 전세권을 설정하면 집에 문제가 생겼을 경우 전세권을 설정한 사람이 그 집을 수리하여 사용해야 합니다. 권한을 얻은 만큼 그에 따르는 의무도 따르는 것으로 이해하면 됩니다.

이렇게 법을 알고 법대로 하는 것도 방법이겠지만, 사람 사는 일이 법대로 한다 해서 항상 효율적인 것은 아닙니다. 따라서 집을 빌려서 쉐어하우스를 운영할 생각이라면 반드시 주인과 사전 협의하기를 바랍니다.

CHAPTER 5

쉐어하우스의 사업자 등록과 세금은 어떻게 해야 하나요?

우리나라에서는 어떠한 업종의 경우이든, 지속적으로 사업을 영위하는 경우 사업자 등록을 해야 합니다. 하지만 쉐어하우스 운영자들 가운데는 사업자 등록을 하지 않은 경우도 상당히 많은 것이 현실입니다. 잘 몰라서 안 하거나 일부러 안 하는 경우도 있을 것입니다. 왜일까요? 그리고 사업자 등록이 없으면 문제가 되지 않을까요? 쉐어하우스 사업에 관심 있는 분들이 꼭 한 번 묻는 그것, 바로 사업자 등록과 세금 문제에 관해 짚고 넘어가겠습니다.

먼저 알아봐야 할 것은 쉐어하우스가 어떤 업종인지와 부가세 납부 의무가 있는 업종인지 아닌지 여부입니다.

주의! 임대 소득이 2천만 원 이하여도 반드시 신고해야

쉐어하우스는 주택임대사업에 해당합니다. 우리나라에서 주택임대사업은 부가세 면세 사업으로 2018년까지는 사업자 등록을 하지 않아도 가산세 등의 패널티가 없지만 소득세 신고는 반드시 해야 합니다.

2018년까지는 2,000만 원 이하의 소득에 대해서는 과세하지 않았는데, 이러한 상황 때문인지 지금까지는 사업자 등록을 하지 않아도 세금과 관련한 불이익이 없었습니다. 하지만 2019년부터는 연간 임대소득이 2,000만 원 이하여도 14%의 단일 세율을 적용받으며, 반드시 임대소득세를 신고해야 합니다. 이제는 9억 원 이하 1주택자를 제외하고는 모두 과세 대상으로 바뀌는 것입니다.

또 한 가지, 앞으로는 주택임대사업자 등록 여부에 따라 필요경비율과 기본공제 금액이 차등 적용됩니다. 이러한 정부의 방향 때문인지 주택임대사업자 등록은 지속적으로 늘어나고 있습니다.

2019년부터는 주택임대사업자로 등록한 경우 70%의 필요 경비와 400만

계속 증가 중인 임대사업(자) 등록 현황

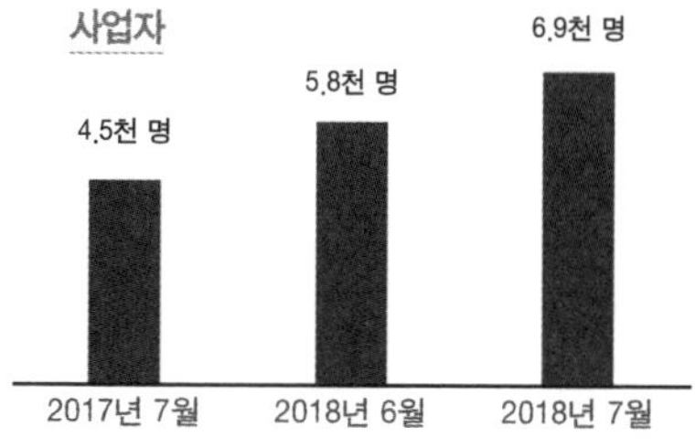

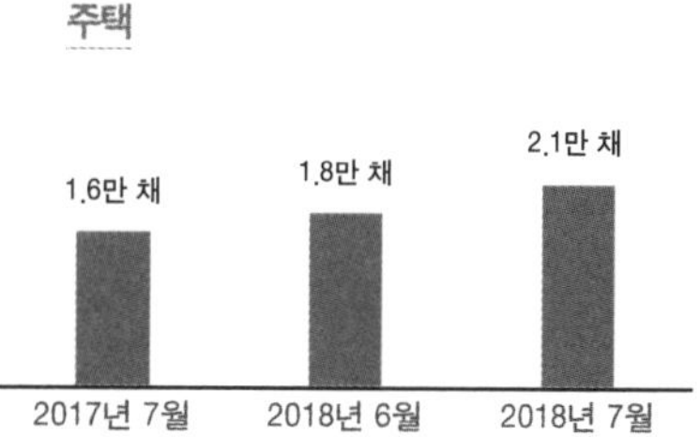

원의 기본공제를 적용받게 되나, 등록하지 않은 경우 50%의 필요경비와 200만 원의 기본공제를 적용받게 됩니다. 결론적으로 공제 비용 차등 적용을 통해 주택임대사업자를 우대하고 사업자 등록을 유도하는 정책으로 바뀐 것입니다.

또한 2020년부터는 사업자 등록을 하지 않을 경우 임대 수입의 0.2%를 미등록 가산세로 부과할 계획이므로, 사업자 등록은 피할 수 없게 되었습니다.

예시로 동일한 2,000만 원의 주택임대 수입주택임대사업 소득 외의 종합소득금액이 2,000만 원 이하일 경우을 얻더라도 2019년부터는 아래의 표처럼 16배까지 세금 차이가 발생합니다. 이제는 세금을 생각해서라도 사업자 등록을 무조건해야 합니다.

연 2,000만 원 주택임대 소득 시 세금 예시

	 주택임대사업자 등록을 한 경우	 주택임대사업자 등록을 하지 않은 경우
수입금액	20,000,000원	20,000,000원
필요경비율	70%	50%
필요경비	14,000,000원	10,000,000원
기본공제	4,000,000원	2,000,000원
과세표준금액	2,000,000원	8,000,000원
세율	14%	14%
산출세액	280,000원	1,120,000원
세액감면율	75%(8년임대시)	0%
최종산출세액	70,000원	1,120,000원

세금 혜택을 받는 방법

주택임대사업자로 등록하고 양도소득세에 대한 공제 혜택을 받으려면 세무서와 구청 두 곳에 등록해야 합니다. 만약 전대차로 운영하거나, 양도세에 대한 절세가 필요 없는 경우라면 세무서에만 등록하면 됩니다. '전대차하여 운영하는 경우 집주인에게 준 월세를 제한 금액이 기준이 아니냐'고 질문하는 분도 있습니다. 그러나 주택임대로 인한 소득이란 집주인에게 주는 월세와 관계없이 운영자가 입주자들에게 받은 전체 금액을 말합니다.

만약 전대차가 아니라, 주택을 보유하고 있으며 이를 이용한 임대사업자로 등록할 때는 반드시 임대 의무 기간을 고려해야 합니다. 시군구청에 임대주택을 등록할 때에는 적어도 4년 또는 8년 이상은 임대해야 하는데, 만약 의무 기간을 채우지 않고 처분하면 1,000만 원의 과태료가 부과되며, 각종 취득세·재산세· 소득세·종부세 등에서 받은 세금 혜택을 모두 추징당할 수 있습니다. 만약 양도세 혜택을 받으려면 8년 이상을 임대해야 합니다.

추가로, 사업자 등록을 했다면 2월에 사업장 현황 신고도 해야 한다는 걸 잊지 말기 바랍니다.

세금은 개인별 주택 보유 수, 소득 등에 따라 차이가 큽니다. 또한 정부 정책에 의해 내용이 수시로 바뀌므로 세금과 관련한 문제는 반드시 전문가와 상담하길 권합니다.

CHAPTER 6

쉐어하우스에 입주하는 사람들은 어떤 사람들인가요?

앞서 언급했듯 쉐어하우스는 단순히 공간을 빌려주는 개념이 아니라, 주거 서비스 제공이 주축이 되는 사업입니다. 따라서 서비스 수요자에 대한 이해가 반드시 필요합니다. 그래야 적절한 사업 계획을 세우고 입주자를 모집하고 마케팅할 수 있습니다. 한편, 예비 운영자 중에는 입주자와 소통하며 운영해야 하는 쉐어하우스의 특성상 주로 어떤 고객이 입주하는지 궁금해하는 분도 많습니다. 이번 장에서는 입주자와 관련된 궁금증을 해소해드리겠습니다.

먼저 쉐어하우스에 거주하는 사람들의 연령대, 성별 들을 알아보기 위해 쉐어하우스 포털인 '쉐어플러스'에서 관련 데이터를 분석했습니다.

쉐어하우스 포털의 이용자 경향 및 지역별 접속 분포

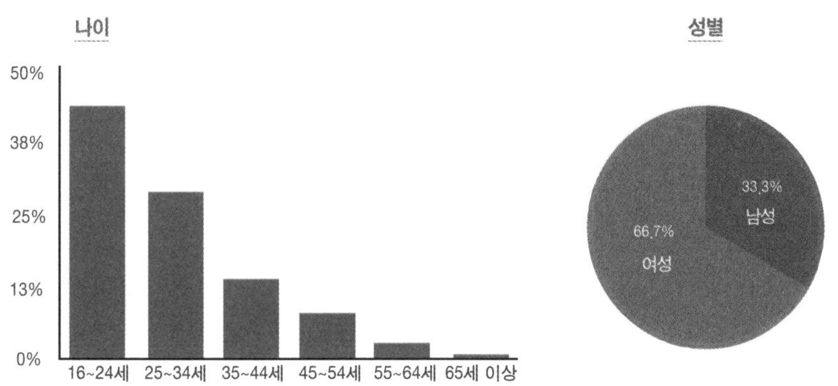

지역 (단위 : 명, 총 접속자수 72,570명)

순위	지역	접속자수	순위	지역	접속자수
1위	서울	37,544(48.8%)	6위	수원	1,468(1.91%)
2월	부산	4,666(6.08%)	7위	대전	1,399(1.82%)
3위	인천	3,203(4.17%)	8위	용인	1,219(1.59%)
4위	대구	1,645(2.14%)	9위	고양	1,216(1.58%)
5위	성남	1,506(1.96%)	10위	광주	1,029(1.34%)

위의 데이터를 보면 20대에서 30대 중반 정도까지가 대략 65% 이상을 차지하고, 성별은 여성이 67% 정도임을 알 수 있습니다. 2017년도 데이터와 비교해 보면 조금 줄긴 했지만 2030 여성들이 쉐어하우스 포털에서 가장 많은 정보를 탐색하고 있습니다. 이들이 쉐어하우스 입주 예정자이며, 우리의 주타깃 고객인 것입니다.

지역별 사이트에 접속하는 분포도를 살펴보면 서울이 가장 많고, 그다음이 부산, 인천, 대구 순입니다.

이번에 보여드릴 데이터는 특정기간 동안 쉐어플러스에 접속한 국가별 현황입니다. 당연히 한국이 가장 많지만 미국, 일본, 영국, 캐나다 등 다양한 나라에서도 우리나라의 쉐어하우스를 알아보기 위해 쉐어플러스에 접속하고 있습니다. 한국에 유학 오는 외국인 입장에서 쉐어하우스는 한국인 친구를 쉽게 사귈 수 있고, 언어도 빨리 배울 수 있는 좋은 주거 환경이기 때문에 꽤 인기가 있는 편입니다. 실제로 중국 및 일본의 유학 전문 회사에서 쉐어플러스에 관심을 가지고 연락해온 적이 있었습니다.

다시 말해 쉐어하우스는 내국인뿐 아니라 외국인까지도 대상으로 하는 글로벌 사업이 될 수 있으며, 이를 통해 외국인 입주자들과 글로벌한 인맥을 쌓을 수 있습니다.

쉐어하우스 운영자는 일반적인 부동산 임대사업자처럼 집주인과 세입자의 관계가 되어 계약할 때만 한 번 만나는 것이 아닙니다. 입주자들과 자주 소통해야 하므로 자연스럽게 인간적인 관계를 쌓게 됩니다.

쉐어하우스 포털의 국가별 접속 분포

국가 (단위 : 명, 총 접속자수 72,570명)

순위	국가	접속자수	순위	국가	접속자수
1위	대한민국	69,004(94.56%)	6위	호주	170(0.23%)
2월	미국	817(1.12%)	7위	태국	148(0.20%)
3위	일본	664(0.91%)	8위	대만	130(0.18%)
4위	영국	348(0.48%)	9위	중국	121(0.17%)
5위	캐나다	222(0.3%)	10위	홍콩	114(0.16%)

이렇게 입주자들과 좋은 인간관계를 쌓으면 쉐어하우스 사업이 편해집니다. 관계가 좋으면 입주자들이 최대한 오래 거주하고, 공실이 발생하면 알아서 예비 입주자를 소개해주기도 합니다. 이러한 쉐어하우스에는 공실이 없으며 오히려 입주 대기자 명단이 있는 경우도 있습니다. 더 나아가서는 입주 희망자들을 모아 새로운 쉐어하우스를 오픈하기도 합니다. 일반적인 쉐어하우스의 사업 순서가 하우스 오픈 → 입주자 모집이라면, 반대로 입주자 모집 → 하우스 오픈 형태로 진행되는 것입니다. 입주자가 모인 상태에서의 쉐어하우스 오픈은 운영자 입장에서 상상만 해도 즐거운 일입니다.

CHAPTER 7

쉐어하우스의 입지는 어떻게 선정해야 하나요?

쉐어하우스 하기 좋은 위치는 어디일까요? 종종 저에게 지역을 찍어달라고 하는 분도 있습니다. 입지 선정을 위해서는 쉐어하우스 포털이나 몇 가지 공공데이터만 살펴보아도 많은 도움이 됩니다.

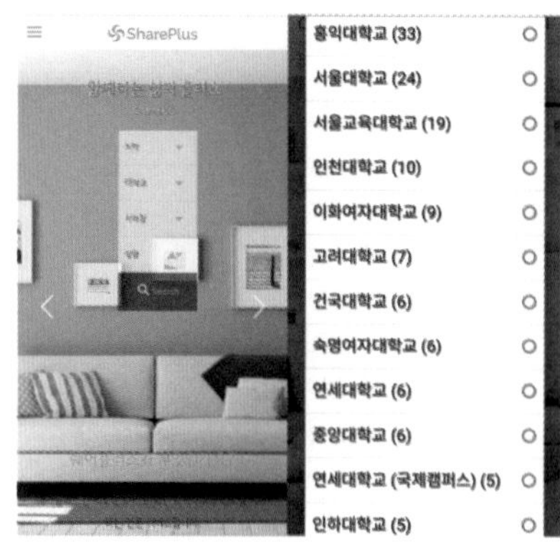

우리나라의 쉐어하우스는 대학가에서 시작되었으며, 실제 쉐어하우스 포털에 등록된 데이터를 보면 많은 쉐어

하우스들이 대학가 또는 역세권 인근에 등록되어 있습니다. 제가 쉐어플러스 서비스를 기획할 때도 입주자들이 자신의 대학이나 직장 인근의 쉐어하우스를 쉽고 빠르게 찾을 수 있도록 대학별·역별 서칭 기능을 추가했습니다46쪽 이미지 참조.

쉐어하우스 수요가 높은 지역을 찾아라

쉐어하우스의 입주자는 1인 가구이기 때문에 1인 가구 지도를 살펴보는 것도 좋습니다. 다음 페이지의 서울의 구별 1인 가구 현황 지도를 보시죠. 구별로 1인 가구 거주 비율을 살펴보면 이렇게 차이가 큽니다. 예를 들어, 관악구는 43.9%이고, 양천구는 20%로 거의 두 배 이상 차이가 납니다. 서울이라고 다 같은 곳은 아닌 것입니다. 더 세밀하게 동별로 살펴보아도 가구 구성 등의 특성이 상당히 다릅니다.

그렇다고 해서 무조건 1인 가구 비율이 높은 동네가 좋고, 비율이 낮은 동네는 좋지 않다고 말할 수는 없습니다. 해당 지역의 공급 현황이나 교통·학교 등 주요 시설의 현황 등 다른 상황도 살펴봐야 합니다. 데이터를 통해 후보 지역을 조사한 후 해당 지역에 가서 발품을 팔아서 알아보는 것은 필수입니다.

특히 대학가의 경우 학교에 따라 정문으로 많이 다니는 곳이 있는가 하면, 또 어떤 곳은 후문으로 많이 다니기도 합니다. 이러한 동선을 파악할 필요가 있습니다. 학생들에게는 학교와의 거리도 상당히 중요한 조건입니다. 걷는 운동이

서울 자치구별 1인 가구 비율

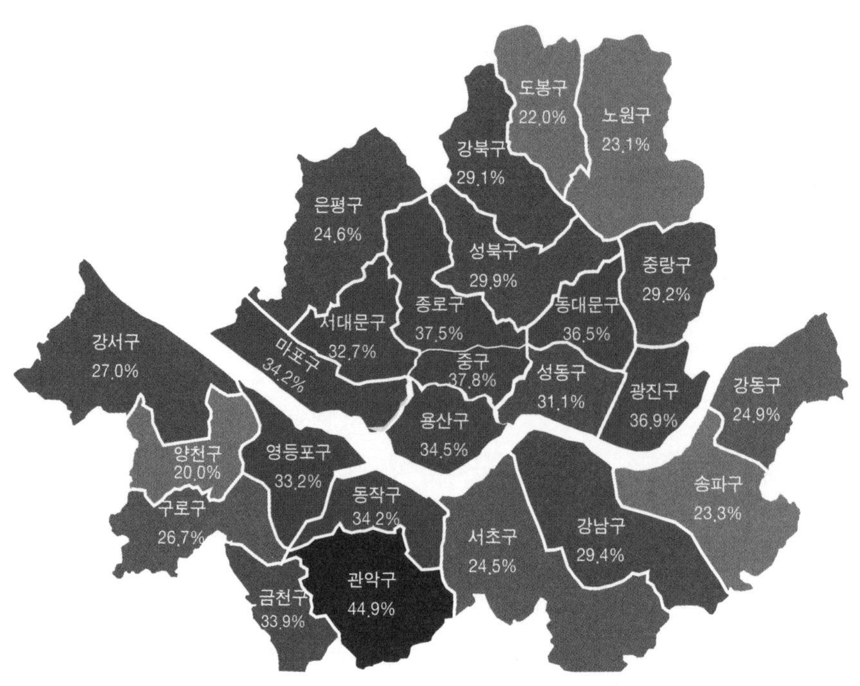

가장 좋다고는 하지만, 아직 젊은 학생들에게는 그렇지 않은 것 같습니다. 백문이 불여일견이라는 말이 부동산에서는 정말 절대적이라는 걸 잊지 마십시오.

교통과 관련해서는 당연히 지하철 역세권인 곳이, 특히 환승역 근처인 곳이 더욱 좋습니다. 노선으로 따져보면 2호선과 9호선 라인을 추천합니다. 특히 2호선은 서울의 주요 대학과 중심 상업지를 지나기 때문에 입주자들이 가장 선호하는 노선입니다. 단, 대학가가 수요가 많은 곳임은 틀림없으나 학생 정원 수라는 유효수요가 정해져 있기 때문에 갑자기 공급이 많아질 경우 운영에 어려

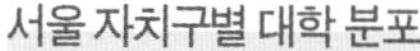

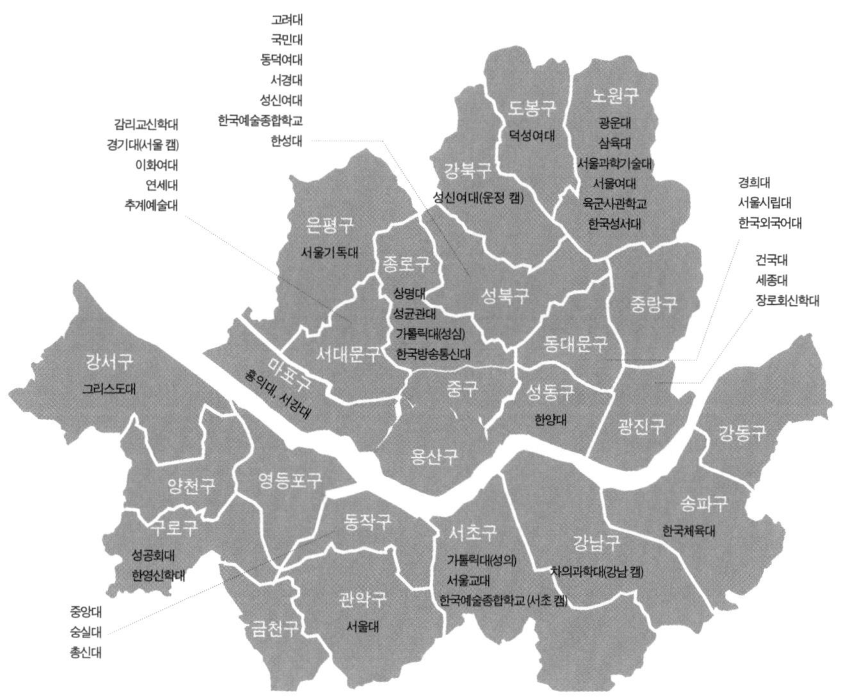

움을 겪을 수 있습니다. 이러한 리스크를 줄이기 위해서는 통학하는 학생 수요 뿐 아니라 직장인 수요도 기대할 만한 지역을 찾아보는 것이 좋습니다.

쉐어하우스의 거주자들은 대부분 차가 없기 때문에 대중교통을 이용하기 편한 지역으로 선정해야 합니다. 예를 들어, 20대 학생들이 모여있고, 지하철과 버스 등 대중교통이 매우 잘 갖춰진 서울의 대학가는 매우 좋은 지역 중 하나입니다. 서울의 지도를 통해 대학들의 위치를 살펴보면 위와 같습니다.

이외에도 공항·쇼핑몰 등이 있어 젊은 사람들이 많이 모이는 지역, 여성들이

네이버트렌드 검색 예시

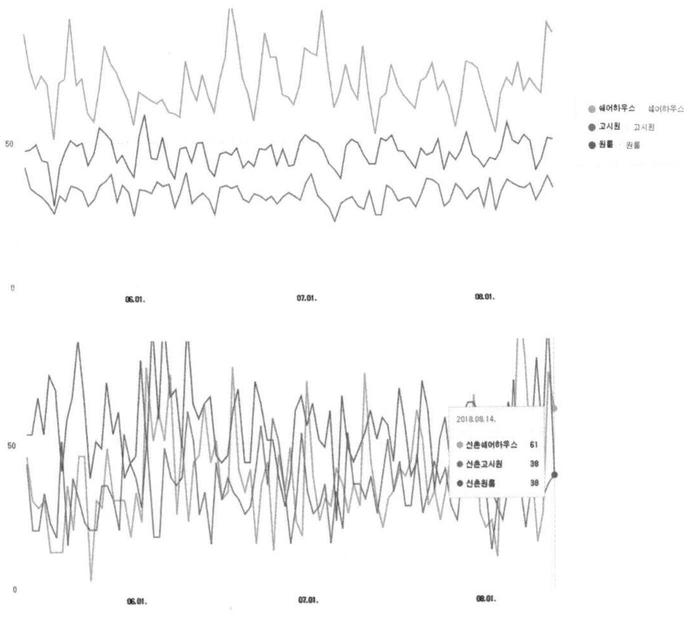

많이 근무하는 서비스업 밀집 지역 등도 쉐어하우스가 위치하기 좋은 지역이라 할 수 있습니다. 직장인 대상 쉐어하우스라면 서울의 중심지뿐 아니라 직장까지 이동하기 편한 곳도 좋습니다. 버스나 택시를 타고 10~15분 이내에 갈 수 있는 지역이나 지하철을 이용하여 서울 중심으로 이동하기 편한 지역 등이 그 예입니다. 그래서 앞서 언급했듯 2호선과 9호선 역세권을 추천하는 것입니다.

온라인을 통해 수요를 가장 쉽고 빠르게 알아볼 수 있는 방법은 네이버 트렌드와 광고 시스템을 이용하는 것입니다. 이러한 사이트들을 통해 얼마나 많은 사람들이 해당 키워드에 대해 관심이 있고, 얼마나 많은 검색을 했는지 알 수 있습니다.

옆의 네이버 트렌드 동향만 봐도 쉐어하우스가 이미 고시원이나 원룸보다 많은 관심을 받고 있다는 점을 확인할 수 있습니다. 여러 대학이 위치해 있는 신촌으로 지역을 한정하여 검색해도 쉐어하우스가 역시나 더 큰 관심을 받고 있다는 것이 드러납니다. 이를 통해 쉐어하우스가 대학생들이 선호하는 주거 형태이자, 대학가 주거 서비스의 대세로 자리 잡아가고 있음을 알 수 있습니다.

공급현황을 통해 리스크도 확인해야

지금까지 수요가 많은 지역에 대해서 말씀드렸는데, 공급에 대한 부분도 반드시 살펴봐야 합니다.

쉐어하우스의 경쟁 대상은 다른 사람이 운영하는 쉐어하우스만이 아닙니다. 1인 가구를 수용할 수 있는 원룸, 오피스텔, 고시원 등도 모두 경쟁 대상입니다. 그러므로 반드시 내가 오픈할 지역 인근의 쉐어하우스, 원룸, 오피스텔, 고시원 등의 공급 현황, 공실 현황 등을 확인해야 합니다. 공급 현황은 쉐어하우스 포털, 직방이나 다방 등의 부동산 중개 어플을 통해 쉽게 확인할 수 있습니다.

특히 대학가의 경우 기숙사 유무와 수용율도 고려해야 하며, 학기가 시작되었는데도 공실이 많은 곳은 유의해야 합니다.

끝으로, 쉐어하우스 입주 희망자 또는 입주자 부모님의 입장에 서서 '내가 살고 싶은 곳인지', '우리 아이가 살기 좋은 곳인지' 등에 관하여 다시 한번 생각하면 답이 나올 것입니다. 예를 들어 서울의 대학가 중에는 모텔촌이 인접한 곳도 많습니다. 자녀가 공부하면서 거주하기 좋은 환경인지 부모님의 입장에서 주변을 살펴보는 것도 필요하겠습니다.

CHAPTER 8

최소 투자금과 수익률은 얼마나 되나요?

쉐어하우스 사업을 준비하는 분들이 가장 궁금해하는 것이 '과연 얼마의 투자금이 필요하고, 어느 정도의 수익률을 기대할 수 있을까'입니다. 아무래도 매매나 전세보다는 월세로 쉐어하우스를 준비하는 경우 투자비가 적게 듭니다. 이런 방식월세으로 쉐어하우스를 오픈할 경우를 먼저 생각해보겠습니다.

일단 기본적으로 임대 보증금과 가전, 가구 등의 설비 비용이 필요할 것입니다. 그중 설비 비용보다는 보증금이 큰 비중을 차지하므로, 투자 비용을 최소화하기 위해서는 보증금을 줄이고 월세를 올릴 필요가 있습니다. 이러한 월세 전환율은 지역별로 차이가 큰데, 대개 6~12% 정도입니다.

정확한 전환율은 해당 지역의 공인중개사에게 확인해야 하며, 일반적인 계산법은 다음과 같습니다.

전환 월세 = 월세로 전환할 보증금×월세 전환율/12

만약 해당 지역의 월세 전환율이 6%라면 1,000만 원 당 5만 원이며, 12%라면 10만 원이 됩니다. 즉, 보증금 1,000만 원을 낮추려면 5만~10만 원의 월세를 더 내야 합니다.

집주인 입장에서도 보증금을 낮춰주는 데 한계가 있기 때문에, 현실적으로 보면 서울의 경우 준비해야 할 최소 보증금은 2,000만~3,000만 원 정도이며,

쉐어하우스 투자비용, 얼마나 들까?

		아파트	빌라
서울 / 경기	보증금	3,000만~5000만 원	2,000만~3,000만 원
	인테리어 및 기본 설비	500만~1,000만 원	500만~1,000만 원
	TOTAL	3,500만 원 이상	2,500만 원 이상
	최소 투자금	2,500만 원	
지방	보증금	2,000만~5,000만 원	1,000만~2,000만 원
	인테리어 및 기본 설비	500만~1,000만 원	500만~1,000만 원
	TOTAL	2,500만 원 이상	1,500만 원 이상
	최소 투자금	1,500만 원	

일반적인 임대 vs. 쉐어하우스의 예상 운영 수익률은?

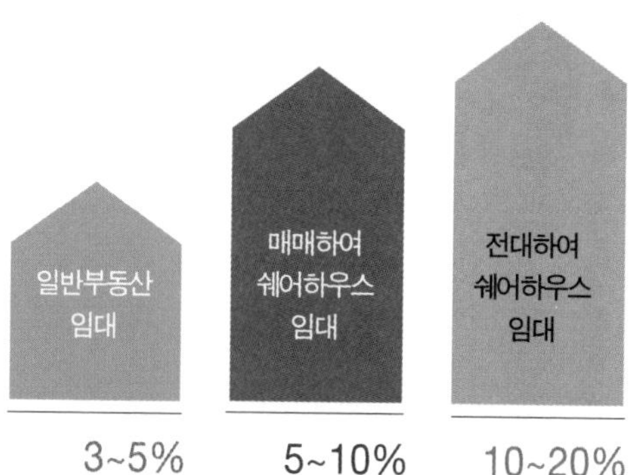

단, 부동산 위치 및 여러 조건에 따라 수익률은 달라질 수 있습니다.

지방의 경우 1,000만~2,000만 원 정도가 필요합니다. 여기에 더해 기본적인 설비 등도 준비해야 하니 대략 지방은 최소 1,500만 원, 서울은 최소 2,500만 원 정도는 투자 예산으로 잡아야 합니다. 물론 얼마나 투자하느냐에 따라 차이가 클 것입니다. 이 책에서 언급하는 금액은 월세로 임대하여 운영할 경우의 일반적인 수준으로 이해하는 것이 좋겠습니다.

한편, 집을 매입하여 운영하려면 이보다는 훨씬 큰 금액이 필요합니다.

수익률은 지역이나 위치 등에 따라 상당히 큰 차이가 있습니다. 일반적으로는 매입하여 운영할 경우 대략 5~10%, 전대차하여 운영할 경우 10~20% 정도의 수익률이 나오는 경우가 많습니다.

C H A P T E R 9

쉐어하우스는 소프트웨어 사업이다?

IT업종의 경험이 많은 저는 쉐어하우스가 하드웨어 산업보다는 소프트웨어 산업에 가깝다고 여겨집니다. 물론 앞으로 좀 더 발전하려면 하드웨어와 소프트웨어의 융합 사업처럼 되어야 한다고 생각합니다. 예를 들어, 노트북이나 스마트폰만 봐도 아무리 좋은 칩셋과 메모리, 디스플레이가 구비되어 있어도 좋은 소프트웨어나 앱이 없다면 그 활용도가 매우 떨어지고 부가 가치를 만들어 내지 못합니다.

삼성 갤럭시 스마트폰이 쉐어하우스 건물 자체라면, 구글의 안드로이드와 다양한 앱들은 개별 주거 서비스에 비유할 수 있습니다. 또한 애플은 쉐어하우스에 최적화된 건물과 주거 서비스를 동시에 제공하는 융합 플랫폼 정도로 비유할 수 있을 것 같습니다. 앞으로는 이러한 애플 같은 쉐어하우스도 생겨날 것입니다.

소통과 운영 : 쉐어하우스의 소프트웨어 역량을 키우는 법

쉐어하우스는 기본적으로 부동산의 속성을 가지고 있기에 입지와 건물 형태 등 하드웨어를 무시할 수 없습니다. 그러나 주거 서비스를 통한 소프트웨어도 매우 중요합니다. 이러한 소프트웨어 중 하나가 소통과 운영 관리일 것입니다.

•• 좋은 인상을 남기고, 친절히 응대하라

일단, 입주자들과의 첫 만남인 견학에서 좋은 인상을 주어야 합니다. 미리 5분 정도 먼저 도착하여 주변을 정리하고, 기다리지 않도록 해야 하며, 항상 친절하게 웃으면서 응대해야 합니다.

입주 후에는 환영회 등을 통해 입주자들이 쉐어하우스에 소프트랜딩 하도록 돕고, 입주 중 요구사항이 있거나 불편한 사항들을 건의할 때 무시하지 말고 잘 받아주어야 합니다. 이러한 점이 쉐어하우스와 일반적인 부동산의 가장 큰 차이점입니다.

'터무니 없는 것을 요구하면 어떻게 하냐?'고 반문하는 분도 있을지 모릅니다. 그러나 적어도 지금껏 저의 경험, 그리고 실제 쉐어하우스를 운영 중인 '쉐어하우스의 모든 것' 카페 회원들의 이야기에 비추어보아 상식을 벗어나는 요구 등은 거의 없었습니다.

•• 청소 및 청결관리 팁

이외에도 여러 가지가 있겠지만, 운영하다 보면 현실적으로 가장 큰 어려움을 느끼게 되는 것이 청소입니다. 처음에 오픈했을 때는 새집인 데다 아직 깨끗한 상태라 청소에 대해서 별다른 고민을 하지 않지만, 조금만 시간이 지나면 현실적인 문제로 닥쳐옵니다.

청소는 운영자가 서비스를 제공하는 경우와 직접 입주자들이 하도록 유도하는 방법이 있는데 후자의 경우 편차가 큽니다. 아주 잘 관리될 때도 있지만 입주자가 몇 번 바뀌면서 청결에 문제가 생길 수 있습니다. 특히 화장실은 청소 등 관리가 잘 되지 않는 경우가 많아 정말 깜짝 놀랄 만한 광경을 볼 수도 있습니다. 다른 곳은 몰라도 화장실만큼이라도 가끔 방문하여 어떠한 상태인지 확인하는 것이 필요합니다. 직장에 다니는 등의 이유로 시간을 많이 낼 수 없다면 청소 대행업체를 통해서라도 한 달에 한 번, 혹은 분기에 한 번 정도는 방문하여 점검하고 청소하기를 권하고 싶습니다.

관리가 잘되고 깨끗하며, 입주자들과 소통이 잘되는 쉐어하우스는 공실이 생기면 기존 입주자들이 스스로 입주자를 소개합니다. 마치 애플의 앱스토어처럼 하나의 생태계가 구축되어 내가 나서지 않아도 운영되는 구조가 되는 것입니다.

CHAPTER 10

쉐어하우스의 최근 동향은?

첫 번째, 최근에는 1인실에 대한 수요가 큰 편입니다. 물론 저렴하게 구성하면 다인실도 수요가 있겠으나, 최근에는 30대 직장인들도 쉐어하우스에 관심을 갖고 입주를 희망하고 있기 때문에 1인실 문의가 많습니다. 쉐어플러스의 실제 입주 문의 데이터만 봐도 이러한 경향이 확연히 드러납니다.

쉐어하우스 인실별 문의현황

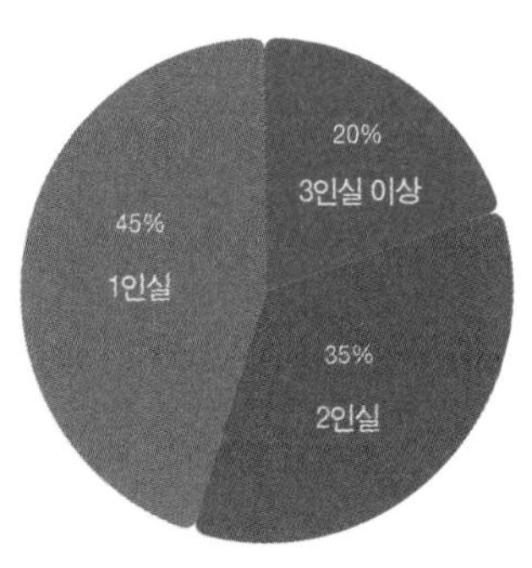

두 번째, 입주 문의자의 연령대가 높아지고 있습니다. 예전에는 쉐어하우스가 잘 알려지지 않은 관계로, 해외에서 쉐어하우스를 경험했거나 트렌드에 민감한 20대 대학생들이 대부분이었습니다. 그런데 요즘에는 30대는 물론이고, 40대까지도 문의해오고 있습니다.

세 번째, 쉐어하우스 전문 회사의 등장으로 쉐어하우스용 전용 건물이 신축되고 있습니다. 아직 사례가 많은 편은 아니지만 쉐어하우스에 맞춰 특화 설계를 하고, 전문적인 서비스 제공을 통해 차별화하는 사례가 점차 더 많아지리라 생각됩니다. 최근에는 개인 임대사업자들도 통건물 형태의 쉐어하우스를 신축하거나, 보유하고 있는 다가구 주택 등을 쉐어하우스로 리모델링을 하는 방안을 검토하기도 합니다.

기업형 쉐어하우스의 등장으로 인해 염려하는 개인 사업자 분들도 있겠지만, 개인이 운영하는 소규모 쉐어하우스만이 가지는 따뜻함과 정이 있으며 기업이 할 수 없는 디테일한 부분이 있습니다. 규모가 너무 커지면 공동체 의식이 사라질 수 있고 진정한 인간관계를 맺기도 어려워집니다.

또, 사용료를 살펴보아도 개인보다는 기업형 쉐어하우스의 가격이 비쌉니다. 직원을 고용해야 하고, 광고 및 마케팅 등 브랜딩을 해야 하기 때문에 사업 운영비가 더 들어갈 수밖에 없으며, 결국은 사용료를 높일 수밖에 없습니다.

이처럼 개인 쉐어하우스와 기업형 쉐어하우스는 양쪽 다 각각의 장단점을 가지고 있습니다. 현재 시장은 수요와 공급이 동시에 늘어나는 모습을 보이고 있기에, 제대로 된 서비스를 제공한다면 개인이라도 운영하기에 무리가 없습니다.

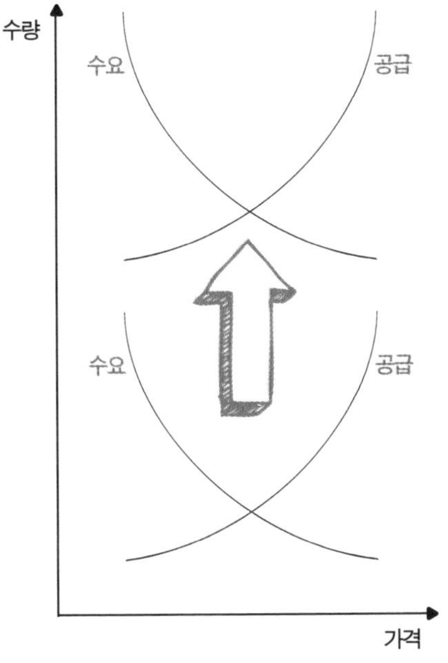

다만, 지속적으로 공급이 늘 것으로 예상되므로 인근 지역에서 내가 운영하는 쉐어하우스가 우선적으로 입주자의 선택을 받을 수 있도록 차별화된 서비스를 개발해야 합니다. 대단한 것이거나 돈이 많이 드는 서비스가 아니라 작은 것이라도 무방합니다. 안락하고 좋은 주거 경험을 제공하겠다는 서비스 마인드를 가진 분들에게는 지금처럼 시장이 급속히 커지는 시점이 쉐어하우스를 운영하기 좋은 적기입니다.

지금까지 쉐어하우스 운영과 관련된 기본 이론을 살펴보았습니다. 다음 장부터는 다양한 실전 사례를 통해 쉐어하우스의 운영을 간접 경험을 할 수 있습니다. 시행착오부터 성공담까지, 독자 여러분께 노하우를 아낌없이 공유해드리겠습니다.

PART 2

구상부터 운영까지!
실전 쉐어하우스 성공기

생생한 실제 사례를 통해
알아보는 쉐어하우스 운영의 모든 것

C
H
A
P
T
E
R
1

지방에선 힘들다?! 고객만족 200%면 반드시 성공한다

부산 유니하우스

재테크에 가장 큰 관심을 가지게 되는 건 언제일까요? 제 경험상으로는 많은 사람이 결혼과 출산 이후 본격적으로 재테크에 눈 뜨게 되는 것 같습니다. 첫 번째 사례의 주인공인 신주부 님 또한 마찬가지였습니다. 특이한 점이 있다면 다른 사람들처럼 주식이나 가상화폐 투자가 아니라 '쉐어하우스 운영'에 관심을 가졌다는 것입니다.

신주부 님은 부산 대학가에 위치한 대형 아파트를 매입하여 완전히 리모델링하여 쉐어하우스로 사용 중입니다. 필자의 권유로 KBS <VJ특공대>에 소개되기도 했는데, 입주자들과 막역하게 지내며 직접 청소와 물품 관리 등 서비스

유니하우스 (현재까지 총 3개점 운영 중)

지역 부산

운영방식 대학가 근처 대형 아파트 매입 후 올 리모델링,

1주일에 한 번씩 운영하는 쉐어하우스에 방문하여 청소 및 생필품 제공 서비스

홈페이지 blog.naver.com/ju_880827

를 제공하는 모습이 인상적이었습니다. 현재 총 4곳의 쉐어하우스를 성공적으로 운영 및 관리하고 있는 그이지만, 쉐어하우스에 관심을 가지기 시작한지는 얼마 되지 않았습니다. 계기는 필자의 졸저 ≪나는 집 없이도 월세받는다≫였다고 합니다.

"쉐어하우스 오픈을 계획한 건 정말 우연이었습니다. 2017년 5월 황금연휴에 아내, 그리고 아내의 친구들과 강원도 원주로 캠핑을 갔었어요. 다른 사람들이 자리를 비운 두 시간 동안 텐트에서 홀로 책을 읽었는데, 그 책이 바로 《나는 집 없이도 월세 받는다》였습니다.

신혼 초기라 재테크에 관심이 많아 한창 관련 책들을 보던 시기였는데, 기초자본이 없어 일반적인 부동산 투자는 엄두가 나지 않았어요. 큰 시세 차익을 노리고 갭투자에 뛰어들 자신도 없었고요. 그러던 차에 책을 보니 자기 자본이 적어도 되고, 비교적 안전하게 투자할 수 있다는 점에서 쉐어하우스 쪽에 마음이 기울었습니다."

이후 며칠 동안 쉐어하우스에 관한 생각이 그의 머릿속을 맴돌았다고 합니

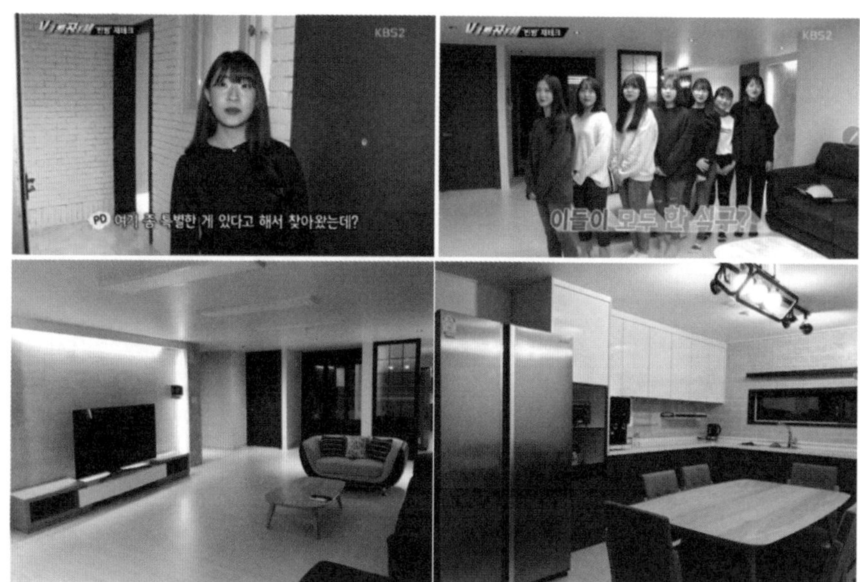

KBS 〈VJ특공대〉에 소개되었던 유니하우스

다. 신주부 님은 기존 쉐어하우스들을 조사하고, 투자금 및 수익금에 관해 엑셀로 현금 흐름표를 만들며 시뮬레이션해보기도 했습니다.

"진짜 가능한 이야기인가, 고민하며 조사하고 문서화하며 저 나름대로의 검증을 거쳤습니다. 그러자 책의 내용대로 정말 멋진 수익률이 나오더군요. 그 주 주말에 아내에게 브리핑하자, 아내 역시 단 번에 OK했습니다."

매입과 리모델링

당연한 이야기이지만, 쉐어하우스를 운영하기 위해서는 '하우스집'가 있어야 합니다.

파트 1에서 언급했듯, 쉐어하우스를 마련하는 데는 두 가지 방법이 있습니다. 하나는 매입하는 것이고, 다른 하나는 임대 후 재임대하는 것입니다. 매입에는 상당한 자본목돈이 필요하며, 집값이 떨어질 리스크 또한 존재합니다. 그러나 반대로 집값이 상승하며 시세 차익과 임대 수익이라는 두 마리 토끼를 잡을 수 있는 것이 장점이기도 합니다. 또 본인 소유의 집이기에 자유로운 수리가 가능하며, 계약 기간에 상관없이 안정적으로 운영할 수 있어 유리합니다.

반대로 전대차재임대는 투자비가 적게 들며 집값 변동에 관계없이 안정적으로 임대 수익을 얻을 수 있다는 장점이 있으나, 리모델링이 어렵고 계약 기간의 영향을 받는 것이 단점입니다.

신주부 님은 매입을 선택하고, 장모님과 함께 투자하여 부산 동아대학교 근처에 15년 된 아파트를 매입했습니다.

"아내에 이어서 장모님을 설득할 수 있었던 것은 최선과 차선, 차악까지 시뮬레이션해본 덕분이었습니다. 첫째, 쉐어하우스가 성공한다면 일반 월세보다 더 많이 받을 수 있었습니다. 이게 최선의 길이었죠. 그러나 쉐어하우스가 성공하지 못한다면? 공실이 계속해서 발생한다면? 쉐어하우스 운영을 위해 집을 수리할 것이므로 낡은 아파트를 매입해 수리한 것만으로도 세입자를 구하기 쉬울 것이라 예상했습니다. 그러므로 둘째, 쉐어하우스 운영이 여의치 않을 경우 일반 전세나 월세로 빠르게 전환하기로 했습니다. 셋째, 이 또한 쉽지 않으면 매매하기로 합의했습니다. 어차피 아파트이기에 집값이 크게 떨어질 확률은 낮으므로, 설사 손해를 보더라도 큰 금액은 아니리라 판단했습니다."

집은 발코니 확장이 되어 있는 45평대 아파트로 선택했습니다. 마침 1년간 팔리지 않아 급매로 나온 물건이 있어, 같은 아파트의 다른 매물보다 저렴한 3억 원대에 살 수 있었습니다. 30년 고정 보금자리론을 이용함으로써 매입에 투자한 실투자금액은 9,000만 원이었다고 합니다.

이후에는 즉시 인테리어 업체 선정에 돌입했습니다.

쉐어하우스의 인테리어, 어디까지 해야 할까

쉐어하우스 운영과 관련해 많은 분들이 고민하는 것이 인테리어입니다. 과연 어디까지 인테리어를 해야 할까? 낡은 집을 리모델링한다면 어느 수준, 어느 정도 금액이 적정한 것일까? 신주부 님처럼 건축 후 10년 이상 된 집을 매매하여 운영할 계획이라면 다음 세 가지를 고려해야 합니다.

첫째, 시설의 노후도 및 수리의 범위

둘째, 리모델링 예산

셋째, 임대의 용도

집은 보이는 것만이 다가 아닙니다. 바닥이나 벽지가 깨끗하다 해도, 낡은 집의 경우 새시의 노후 정도, 누수와 곰팡이 여부, 수도 및 난방배관 상태를 반드시 점검해야 합니다. 집값이 저렴하다고 덜컥 매매했는데 리모델링 비용이 예상을 크게 초과할 수도 있습니다. 특히 배관의 문제나 누수 등은 원천적인 문제점을 찾아서 해결해야 하므로 인테리어 외에 방수업체나 설비업체로의 지출이 발생할 수 있습니다. 이런 문제를 간과하거나, 무시하고 운영하면 하자로 인해 입주자들에게 많은 요구를 받게 될 수 있습니다. 이는 재임대하는 경우도 마찬가지이니 반드시 신경을 써야 합니다.

또한 임대 용도도 생각해볼 필요가 있습니다. 대학가에서 주로 재학생을 대상으로 운영하는 것이냐, 또는 직장인들을 대상으로 하는 것이냐에 따라 필요한 설비의 정도가 달라지기 때문입니다.

신주부 님은 처음부터 매입 후 완전 수리를 생각하고 있었기에 3,000만~4,000만 원이란 비교적 큰 규모의 리모델링을 추진했습니다.

4군데 이상의 견적을 받아 가장 저렴한 가격을 제시한 곳에서 진행했는데, 단지 외관 수리뿐 아니라 새시 교체, 발코니 확장 부분의 보일러 열선 설치, 에어컨 배관 설치 등의 공사까지 포함했습니다.

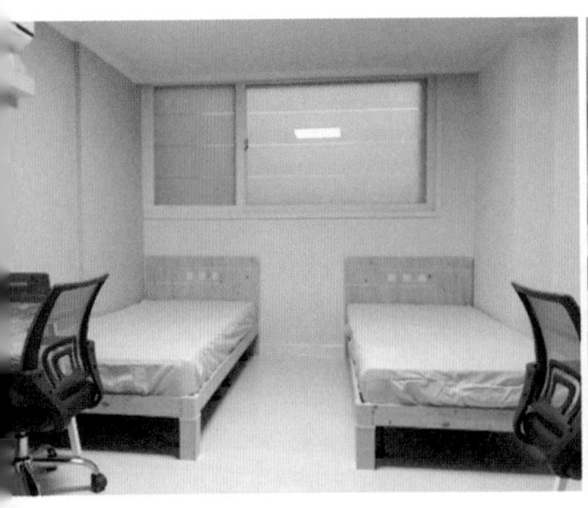

유니하우스 1호점의 리모델링 및 기본 설비

비용

리모델링 3,500만 원 + 가전 500만 원 + 가구 800만 원(8인용) + 기타 물품 110만 원

내역

❶ 리모델링 : 벽지, 장판, 새시, 싱크대 교체 / 발코니 확장 부분 보일러 열선 설치 / 에어컨 배관 설치

❷ 가전 : 65인치 TV, 800리터 양문 냉장고, 드럼세탁기(13kg), 건조기(9kg), 인덕션, 청소기, 밥솥, 전자레인지 등

❸ 기타 물품 : 공용 그릇, 수저, 냄비, 보드판 등 인터넷과 다이소를 통해 구입

혹자는 임대용 주택에 지나치게 큰 비용을 들였다고 생각할지도 모릅니다. 신주부 님의 경우 본인 소유의 주택이기에 차후 매매의 용이성까지 고려하여 리모델링을 진행했습니다. 더욱 중요한 것은 입주자들에 대한 배려였습니다.

본인이 졸업한 모교의 근처에서 쉐어하우스를 운영하게 되었기에, 앞으로 입주자가 될 후배들을 위하여 할 수 있는 한 최선의 주거 경험을 선사해주기로 결심했던 것입니다. 처음에는 발코니 확장 부분까지 열선을 까는 것에 반대하던 아내도 신주부 님의 이런 마음에 설득되었다고 합니다.

"아내와 저의 쉐어하우스 콘셉트는, 입주자가 부모님과 함께 집을 보러 왔을 때 '엄마, 나 여기서 살고 싶어요'라고 말하는 집입니다. 부모님과 떨어져 타지에 온 학생들이 하자 없는 집에서 안락하게 생활하게끔 노력을 기울였습니다. 이게 다행스럽게도 좋은 결과로 이어진 것 같습니다."

현재 유니하우스는 공실률 제로의 부산 지역 인기 쉐어하우스로 명성을 얻

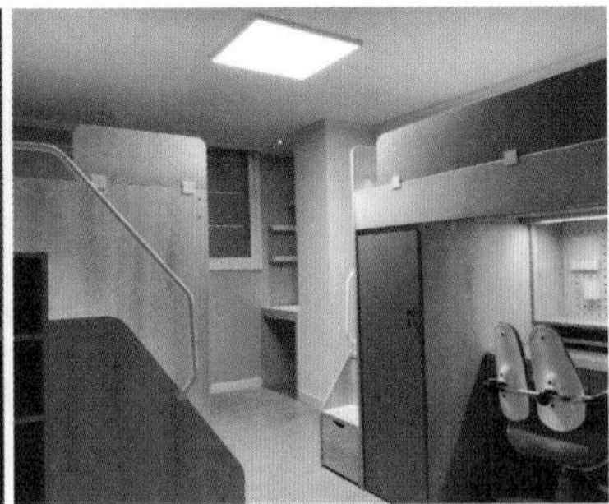

최근 오픈한 유니하우스 3호점 모습

고 있습니다. 1년 반 만에 3호점까지 오픈하며, 빠른 속도로 자리를 잡았습니다.

입지 선정을 위한 시장 조사

사업성에 대한 확신을 가지게 된 이후에는 어느 지역에서 해야 할지가 가장 큰 고민이었습니다. 신주부 님이 사는 곳은 부산이었기에 서울보다는 쉐어하우스에 대한 인식이 높지 않은 편이었습니다. 하지만 인터넷을 통해 서울의 여러 쉐어하우스를 살펴본 이후, 부산에서도 분명히 가능성이 있다고 판단했습니다.

당시 부산에는 쉐어하우스가 많지 않았습니다. 우선 쉐어하우스가 집중되어 있는 지역을 조사해보고, 아직 공급이 없거나 적은 지역을 후보지로 선정했습니다. 그리고 그중에서도 신주부 님이 졸업한 학교인 동아대학교 인근을 후보지로 선정하여 상세한 시장 조사에 들어갔습니다.

> **살고 싶은 집을 만들어라**
>
> 연고가 없는 지역에서 홀로 생활하는 것은 아무리 생활력이 좋은 성인이라 해도 외롭고 힘든 일입니다. 쉐어하우스는 고시원이나 자취에 비해 안락하고 좋은 환경을 제공한다는 데 가장 큰 메리트가 있습니다. 대학가나 학원가의 쉐어하우스는 특히 부모님이나 여타 가족과 함께 방문하여 환경을 둘러보고 입주를 결정하는 경우가 많은데, 이상과 같은 쉐어하우스의 장점을 어필하는 것이 가장 중요합니다. 다시 말해, 자녀나 동생이 집을 떠나 살더라도 '이런 곳이라면 마음이 놓인다, 집에서처럼 편안하게 생활할 수 있겠다'싶은 환경을 제공해야 합니다.

일단 동아대학교에 재학 중인 후배들을 스무 명 정도를 불러 술판을 벌리며 쉐어하우스에 대한 반응을 살펴보았습니다. 남학생들의 첫 반응은 다음과 같았다고 합니다.

"재미있을 것 같긴 해요."

"남자들은 그렇게 좋은 데는 필요 없을 것 같아요."

"저는 그냥 싼 게 좋아요. 솔직히 집에 있는 일도 별로 없어요."

"잠만 잘 수 있으면 될 것 같은데요."

아무래도 타깃을 잘못 잡은 것인지 고민될 즈음, 여학생들이 보인 반응은 조금 달랐습니다.

"심심하지 않을 것 같아서 좋아요."

"동아리 활동하고 밤 늦게 원룸에 들어가려고 하면, 으슥하여 무섭기도 한데 원룸촌보다는 아파트가 좋을 것 같아요."

"전 깔끔한 집을 찾았는데, 우리 학교 앞에는 그런 집이 없어요."

입주 대상인 학생들을 통해 공실과 불확실성이 상대적으로 적어 보이는 여성 전용 쉐어하우스를 오픈하기로 마음먹었습니다.

다음에는 공인중개사 사무소에 들러 알아볼 차례였습니다.

●● 지역 공인중개사로부터 알짜배기 정보를 얻어라

처음 공인중개사 사무소에 들어갈 때만 해도 쉐어하우스를 오픈할 아파트를 찾는다고 하면 중개사 분이 이상하게 생각하지 않을까 조금 불안했다고 합니다. 다행히도 중개사 또한 좋은 아이디어라고 하며, 해당 지역은 노인 분들이 남는 방을 세 주는 정도이지 아직 서울과 같은 전문적인 쉐어하우스는 인근에 없다는 정보를 알려주었습니다. 더불어 학교 주변에 원룸은 늘고 있지만, 신축 건물만 수요가 있는 상황이고, 하숙집과 고시원은 줄어드는 분위기란 것도 알 수 있었습니다. 공인중개사는 "계획하고 있는 쉐어하우스 콘셉트라면, 원룸은 몰라도 기숙사와 하숙집 입주자들을 유입시킬 가능성은 높을 것"이라고 말해 주었습니다.

공인중개사로부터 받은 조언을 토대로 즉시 기숙사 입주 정원을 체크했습니다.

"1학년 여자기숙사 정원은 550명 정도였습니다. 그런데 2학년 기숙사 정원이 230명으로 절반 가까이 줄더군요. 3학년은 50명 이하이고요. (남학생기숙사 정원은 여학생 절반밖에 안 되었습니다.) 그럼 줄어든 만큼 시장에 입주 수요자들이 해마다 발생한다고 예상할 수 있었습니다."

마지막으로 가격 책정을 위해 인근의 원룸 시세를 조사했는데, 학교 인근의 원룸은 평균 보증금 300만 원에 월세 30만 원 정도로 형성되어 있었습니다.

원룸보다 더 받는 것이 가능할까 고민됐지만, 중대형 아파트인 데다 리모델링을 통해 깔끔한 상태이며, 가전 및 가구들도 모두 새것이라는 강점이 있었습니다. 수요의 다양성까지 고려하여, 24만~36만 원으로 세분화하여 가격을 책정했습니다.

이처럼 철저한 시장 조사를 통해 그는 다양하고 많은 정보를 얻을 수 있었습니다. 우선 주타깃 고객인 인근 대학 학생들의 인터뷰를 통해 고객의 니즈를 파악했고, 그 지역을 가장 잘 알고 있는 공인중개사를 통해 상세한 정보를 얻었습니다. 신주부 님은 이런 시장 조사를 통해 타깃을 명확하게 할 수 있었습니다.

타깃이 누구냐에 따라 설비의 정도가 달라집니다. 또 주거형태아파트냐, 빌라냐뿐 아니라 가장 중요한 가격 책정도 타깃과 연관되어 있어서 최종 수익률에까지도 영향을 미칩니다.

유니하우스 1호점의 근황

장소 부산 동아대학교 인근

여성 전용 남학생보다는 여학생의 수요가 많은 것으로 조사됨

주택 형태 중대형 아파트(여성 전용이기에 보안 및 안전성을 고려하여 선정)

가격 책정 24~36만 원으로 다양하게 구성

기타 1호점의 경우, 일반 월세 임대 시세는 보증금 3,000만 원에 월세 70만 원 정도임.
현재 쉐어하우스로 운영하여 월 230만 원의 사용료를 받고 있음.

공실률 제로의 비결, 입주와 홍보 모집

입주자 모집을 위한 홍보는 필자의 책에 소개된 홍보법을 참조하여, 학교 커뮤니티 사이트와 아내의 블로그를 활용했습니다. 특히 블로그의 경우 쉐어하우스를 오픈하기 전에 다양한 포스팅을 하며 검색어 상단에 뜰 수 있게 미리 관리했고, 하우스 준비 과정을 사진과 함께 블로그에 순차적으로 공개했습니다. 1호점이 될 집을 소개해준 부동산 중개사 역시 젊은 분이어서 SNS를 통해 부동산 정보를 많이 게시하고 있었습니다. 그분에게도 쉐어하우스 홍보를 부탁했고, 사진을 최대한 많이 찍어서 보냈습니다. 결과는 기대 이상이었다고 합니다. 댓글 수가 300개가 넘어가고, 남성 전용 하우스가 없다고 분노하는 남학

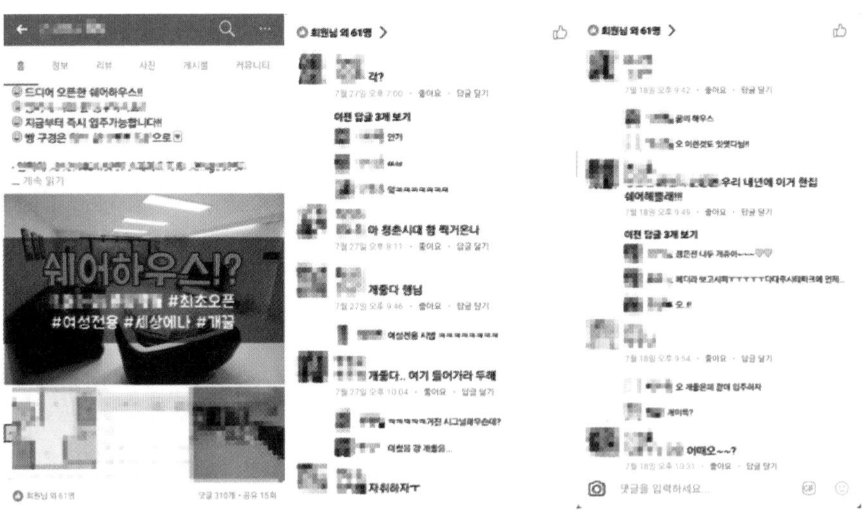

타깃 고객들의 취향을 고려하여 운영되고 있는 유니하우스 페이스북

> **손쉽게 홈페이지 제작하기**
>
> 직접 사이트를 구축한다면 가장 좋겠지만, 이 경우 비용이 들어가고 업체 선정 등의 번거로움이 있는 게 사실입니다. 네이버에서 제공하는 홈페이지 서비스 '모두'를 이용하면 보다 손쉬운 홈페이지 제작이 가능합니다. 업종별로 기본 템플릿이 제공되며, 네이버 지도로 간편한 위치 등록도 가능합니다. 또한 자동으로 네이버 검색에 링크됩니다. 무료이니 아직 홈페이지가 없는 분은 이 서비스를 이용해 제작하는 것도 고려할 만합니다.
>
> www.modoo.at

생들의 반응도 간간히 보였습니다. 결국 모집 4주 만에 정원인 8명을 모두 모집하고 만실을 기록했습니다.

"쉐어하우스 입주자 모집은 온라인 홍보가 제일 중요한 것 같습니다. 이제는 3호점까지 오픈한 상태이기 때문에 전용 홈페이지도 제작하여 홍보 및 운영할 계획입니다."

이처럼 쉐어하우스는 입지 선정도 중요하지만 온라인 홍보를 어떻게 하느냐가 매우 중요합니다.

입주자 대부분이 젊은 층이기 때문에 인터넷 검색을 통해 원하는 집을 구하는 게 일반적입니다. 일단 홍보가 가능한 채널이라면 어디든 이용하는 것이 좋으며, 여러 채널에 많이 홍보해서 나쁠 것이 없습니다. 간혹 '여러 채널을 어떻게 관리하냐'고 묻는 분도 있습니다. 채널만 다를 뿐 콘텐츠는 동일하기 때문에 복사해서 붙여 넣어도 충분합니다. 홍보하는 문구도 너무 상투적인 내용보다는 젊은 고객들의 호기심을 자극하는 재미있는 소재를 활용하여 광고하는 것이 좋습니다.

여기에 더하여, 앞으로 여러 곳의 쉐어하우스를 운영할 계획이라면 개별 홈페이지 제작을 추천합니다. 입주자 입장에서 보면 개별 홈페이지가 있는 쉐어하우스와 없는 곳은 분명 신뢰도에서 차이가 있습니다. 쉐어하우스 전용 블로그나 SNS 등에 홍보글을 올리고, 입주 문의나 견학 신청 등은 홈페이지로 유도하여 나의 채널에서 받으면 일괄적으로 관리할 수 있어 편합니다.

쉐어하우스 사업으로 새로운 삶의 목표를 발견하다

신주부 님은 쉐어하우스를 알게 된 후로 인생을 더욱 열심히 살게 되었다고 합니다. 처음 쉐어하우스를 시작하게 된 계기는 맞벌이하는 부인이 육아로 인해 직장을 그만둘 경우, 여유를 가지고 일하면서도 수익을 얻을 방법을 찾은 것이었습니다. 그러나 요즘은 부인이 부동산에 관심을 가지게 되어 공인중개사를 공부하며, 새로운 목표를 향해 달려가고 있습니다.

"결혼 전에 자취 생활을 약 5년간 하며 하루하루 연명한다는 느낌으로 살아왔는데, 결혼 후 쉐어하우스가 새로운 삶의 목표를 안겨준 것 같습니다."

신주부 님이 마지막으로 저에게 해준 말이 떠오릅니다.

"전 아내를 만난 것 다음으로 쉐어하우스를 알게 된 것이 제 인생에서 가장 멋진 만남 중 하나라고 생각합니다."

CHAPTER 2

쉐어하우스로 투잡한다! 직장인을 위한 운영 노하우

서울 수니 쉐어하우스

평생직장이라는 개념이 사라진 지 오래인 지금, 많은 직장인이 제2의 월급을 꿈꾸며 '투잡'을 희망합니다. 최근에는 주 52시간제의 시행으로 퇴근 후 시간이 많아지고 있습니다. 실제로 중소기업에 재직 중인 직장인의 41%는 아르바이트를 하고 있다고 합니다. 이러한 투잡 아르바이트의 월평균 수입은 39만 6천 원이라고 하는데, 퇴근 후나 주말 시간을 아껴 일하는 데 비해 만족스러운 금액은 아닙니다. 바로 이런 점 때문에 투잡을 고민하는 분이 많을 텐데, 쉐어하우스가 하나의 대안이 될 수 있습니다. 이번 챕터에서는 일반 직장인 사례자가 몸소 체득한 '시간과 노력을 최대한 효율화하는 쉐어하우스 운영의 노하우'

수니 쉐어하우스

지역 서울

운영방식 전세 세입자 계약 만료 후 월세 수익 확보를 위해 쉐어하우스로 전환, 1인실로만 구성하여 인기 쉐어하우스로 운영 중

홈페이지 soonihouse.modoo.at

를 공개하겠습니다.

큼복이 님은 대기업에서 일하는 현직 직장인입니다. 부동산 투자에 관심이 많아 바쁜 일상 중에도 부동산 투자 관련 카페에 가입하고, 경매 강의와 스터디 모임에 참석할 정도로 나름 적극적인 투자 활동을 해왔습니다. 서울에서 매입한 아파트로는 꽤 괜찮은 시세 차익도 얻었습니다. 그러나 8.2 부동산 대책 이후 다주택에 대한 대출 규제 및 양도세 강화 등으로 인해 기존에 생각했던 방식의 투자가 더 이상은 유효하지 않게 되자 다른 방법을 찾던 중 우연히 쉐어하우스를 알게 되었습니다. 곧장 《나는 집 없이도 월세 받는다》를 구입해 단숨에 읽어 내려갔습니다.

마침 그에게는 2년 전, 전세를 끼고 매입한 성수동의 아파트가 있었습니다. 전세 만기가 되면 어떻게 할지 고민이었는데, 책을 다 읽고 그 집을 쉐어하우스로 운영해보리라 결심하게 되었습니다.

빠듯한 직장 생활과 쉐어하우스 운영, 병행할 수 있을까?

큼복이 님이 이렇게 부동산 투자에 관심을 가지게 된 데는 이유가 있습니다.

"어느 날 퇴근 시간이 다 된 시각에 팀장님이 팀 회의를 소집하더라고요. 이야기인즉슨 '오늘 오전에 면직을 통보받았고, 그래서 내일 곧장 지방영업소로 내려간다'는 것이었습니다. 나름대로 오래 근무한 팀장급인데 오전 면직 오후 전근을 명령받은 거예요. 그때 회사의 무서움을 느꼈죠. 대기업에 다닌다고 해서 결코 안주할 상황이 아니라는 걸 깨달았습니다. '회사가 결코 나의 삶을 보장해주지 않는다, 내 삶을 내가 책임지겠다'고 결심하고 제2의 수입원을 찾기 위한 투자 공부를 시작했어요."

필자가 큼복이 님을 실제로 만난 건 쉐어하우스 임대사업과 관련한 특강이 있던 날이었습니다. 강연이 끝나자 성수동에 보유하고 있는 25평 아파트를 쉐어하우스로 운영할 계획을 가지고 있다며 진지한 모습으로 저에게 의견을 물어보았습니다.

그런데 입지나 수익성 외에도, 큼복이 님에게는 한 가지 큰 고민이 있었습니다. 회사 분위기가 보수적이라 회식 등 술자리가 잦고, 업무 시간 중 사적인 전화 등도 어렵다는 것이었습니다. 부인은 쌍둥이를 임신한 상태라 쉐어하우스를 운영한다 해도 도움을 받을 수 없는 형편이었습니다. 오히려 출산 전후로 아내를 도와야 하는 상황, 팍팍한 직장 생활 중에 과연 집을 쉐어하우스로 꾸미고 홍보하고 운영까지 하는 것이 가능할까요?

이러한 고민 끝에 큼복이 님이 선택한 것은 '미래를 위한 준비'였습니다. 팀장이 면직되는 상황을 직접 눈으로 목격했던지라 계속 이렇게 살아서는 안되겠다는 마음이 굳건했고, 급여 외 제2의 수입원을 하나씩 늘려나가겠다는 강한 의지가 있었습니다. 현실적인 문제는 하나씩 맞닥뜨려나가며 해결책을 모색하고, 미래의 자신 그리고 가족들을 위해 일단 다음 발걸음을 내디뎌 보기로 결심했습니다.

작은 아파트, 과감하게 1인실만으로 운영을 시작하다

전세 만기가 되는 시점에 해당 아파트를 쉐어하우스로 운영하려 했으나, 애초 전세를 끼고 구매한 아파트라 전세 반환금을 마련하는 것도 고민이었습니다. 다행히도 누나가 전세 반환금의 일부를 빌려 주었고, 회사에 잡혀있는 큼복이 님과 임신한 부인을 대신해서 하우스 견학 등을 도와주기로 했습니다.

이제 어떻게 쉐어하우스로 사용할 것인가 운영 계획을 세울 차례였습니다. 큼복이 님이 보유한 성수동 아파트는 25평으로, 큰 평수는 아닙니다. 화장실 개수도 1개뿐이라 많은 사람이 함께 살기에는 불편함이 예상되었습니다. 이런 단점에 비하여 집은 전주인이 전체적으로 깨끗하게 수리해놓은 상태였고, 역으로부터 5분 거리에 위치해 있어 입지도 좋은 편이었습니다. 한양대와 건대 사이에 위치한 성수역은 2호선 라인으로 학생이나 직장인의 수요도 분명히 있는 곳입니다.

고민 끝에 화장실 수리와 도배만 다시 하고, '1인실 전용 아파트 쉐어하우스'

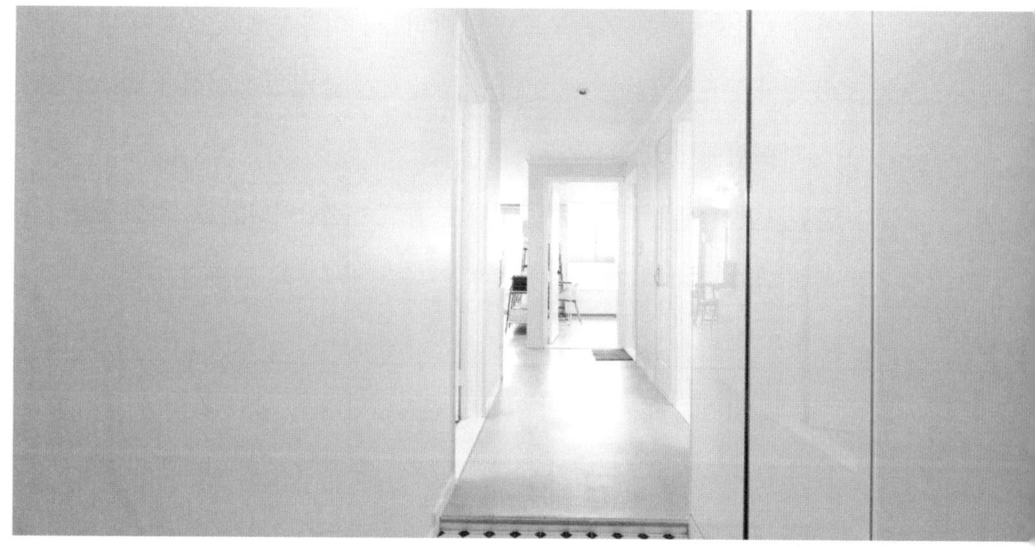

로 차별화하기로 했습니다.

사실 쉐어하우스에는 1인실이 많지 않습니다. 바로 수익성 때문입니다. 더군다나 1인실만으로 운영하면 수용할 수 있는 입주자가 적어지므로 자연히 수익이 줄어듭니다. 성수동 아파트의 경우 본인 소유라서 따로 월세를 내야 하는 상황이 아니기 때문에 과감한 선택이 가능했습니다.

쉐어하우스의 1인실은 고객 수요가 상당한 편으로, 공급이 수요에 비해 현저히 모자란 상황입니다. 그래서 1인실은 방을 내놓으면 쉽게 나가는 편이며, 한 번 들어온 입주자는 웬만해서는 잘 나가지 않습니다. (쉐어하우스 입주자들도 여기서 나가면 1인실을 구하기 쉽지 않다는 것을 잘 알기 때문입니다.) 사람이 적은 만큼 수월하게 운영할 수 있으며, 화장실 숫자도 3명에 1개 정도면 충분히 쾌적하므로 화장실이 하나인 집이라도 무리가 없습니다.

이처럼 입주 인원이 적으므로 운영 관리가 용이하다는 것, 공실이 생기면 홍보와 견학 등 일이 많아지는데 1인실은 수요가 많아 그런 점에서 부담이 덜한 것 등의 이점이 있었습니다.

한편, 1인실 전용은 장점만큼이나 단점도 확실합니다. 바로 수익성입니다. 큼복이 님의 말에 따르면 "사실 수익은 일반 월세보다 조금 나은 수준이지만, 쉐어하우스라는 새로운 주거 서비스를 경험해보고 싶다는 욕심도 있었고, 대출이 워낙 많았기 때문에 일반 임대도 쉽지 않았다"고 합니다.

앞서 언급했듯 큼복이님의 직장은 매우 보수적인 분위기인 데다 업무도 매우 바빠서 입주자 모집, 견학 상담 등의 쉐어하우스 운영 업무를 최대한 줄일 필요가 있었습니다. 제가 조언한 대로 운영 중 최대한 문의가 오는 것을 줄이기 위해 리플렛 등 설명 자료를 만들어 집안 곳곳에 두었고, 견학은 누나에게 부탁했습니다. 집안의 작은 수리 요청이 올 것에 대비하여 아파트 단지 내 만물상과 협의하는 등 큼복이 님 대신 일해 줄 인원을 세팅했습니다.

위기를 기회로 전환하려면, 마케팅적 발상이 필요하다

"전세입자가 나가는 날이 2월 24일이었고, 예상 오픈 일정은 3월 5일로 정말 짧은 시간 내에 준비해야 했어요. 솔직히 이 기간이 가장 힘들었습니다. 금쪽 같은 쌍둥이가 1월 중순에 태어나 기뻤지만, 아내의 조리원 퇴소가 2월에 예정되어 있어 아이와 산모를 맞을 준비도 필요했습니다. 그런데 엎친데 덮친 격으로 2월 말에는 갑자기 회사에서 담당하던 지역에 이슈가 생겨 스페인으로 출장까지 가게 되었죠.

이런 상황에서 제 목표는 오픈 때까지 기다리지 않고 가급적 1명이라도 오픈 당일 계약하는 것이었습니다. 대출이 꽤 있어서 하루하루 지날 때마다 이자 손실이 발생하니까요. 그러려면 활발한 사전 홍보도 필요했기 때문에, 정말 정신없는 나날이었습니다."

이를 위한 그의 선택은 '집 사진이 없더라도 일단 홍보물을 만들자!'라는 것이었습니다. 봉이 김선달이 대동강 물을 팔아먹은 것과 비슷하다고나 할까요? 홍보물에서는 흔치 않은 1인실만 구성된 쉐어하우스이며, 그것도 많은 사람들이 선호하는 깨끗하고 안전한 아파트라는 사실을 강조했습니다. 그리고 가계약금은 5만 원으로 정하고, 입주 후 마음에 들지 않으면 100% 환불받을 수 있

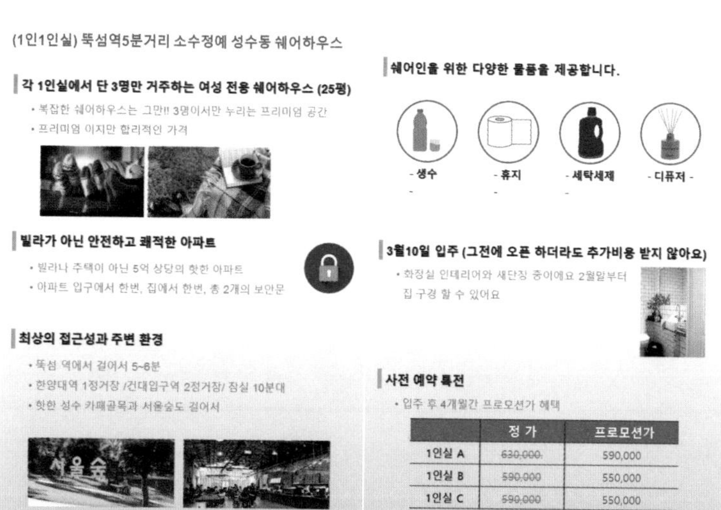

입주자 모집을 위해 만들었던 홍보물

는 정책을 광고했습니다.

"부담 없이 하되 5만 원으로 묶어두려는 전략이었습니다. 정식 오픈 전 날, 집이 수리되는 대로 입주 희망자들에게 보여주기로 했는데 단 1주일 만에 가계약자 3명을 모두 모집했습니다. 쉐어하우스를 오픈하기도 전인 데다 사진 한 장 없었는데 입주인원이 다 모집되다니, 저도 신기했습니다."

화장실과 조명만 바꿔도 집안이 확 달라진다

인테리어는 전세입자가 나간 후 정말 꼭 해야 하는 부분만 최소화하여 진행했습니다. 다만, 임차한 집이 아니라 본인 소유의 집이라는 점과 여성들이 가장 중요하게 생각하는 것이 화장실이란 점을 감안해 화장실만큼은 큰 맘먹고 수리했습니다. 수리한 부분은 다음과 같았습니다.

- **화장실** : 요즘 트렌드인 세로형 벽돌 및 파티션 타입으로 덧방
- **벽지** : 소폭 합지로 화이트 계열로 최대한 깔끔하고 깨끗한 느낌
- **조명** : 거실과 주방 및 각방 모두 교체
- **콘센트 및 스위치** : 인터넷으로 구매 후 도배업자에게 수고비(7만 원) 지불
- **부분 페인트** : 직접 구매(1만 원 상당)하여 방문턱, 현관문 등 셀프로 작업
- **현관 타일** : 화장실 공사하는 분에게 수고비(5만 원)를 지불하고 덧방 작업

수니 쉐어하우스의 리모델링 및 기본 설비

비용

리모델링 200만 원 + 가전, 가구 및 기타 물품 450만 원

내역

❶ 리모델링 : 화장실 수리, 신발장, 도배, 조명, 페인트, 스위치 교체

❷ 가전 : 냉장고, 세탁기, 전기 밥솥, 청소기, 에어컨, 전자레지, 가스레지 등

❸ 기타 물품 : 전신거울, 디지털 도어락, 화이트보드 등

큼복이 넘은 이전에 전문적인 리모델링이나 인테리어를 해본 경험이 없었

교체 전의 조명(상)과 교체한 후의 조명(하)

습니다. 그러나 이번 쉐어하우스 오픈을 통해 초보자가 적은 비용으로 가장 쉽게 집의 분위기를 바꿀 수 있는 방편이 조명 교체란 걸 알게 되었다고 합니다.

"조명은 가성비의 끝판 왕이라고 생각합니다. 요즘에는 레일등이 트렌드라고 해서 달아봤는데, 조명 교체만으로도 다른 공간이 된 것 같았습니다. 25평 아파트의 거실과 방 3개의 조명을 다 바꾸는 데 대략 15만 원 정도가 들었습니다."

인테리어에 대한 고민

본인 소유의 집이라면 인테리어에 대한 고민이 적습니다. 그러나 임차한 집을 쉐어하우스로 사용하는 경우 많은 고민이 필요합니다. "(임차 시) 어느 정도 수준으로 인테리어를 해야 하느냐?"는 질문을 받으면 필자는 "4년 정도 운영하고 처분이 가능한 수준으로 하라"고 말하곤 합니다.

오래되어 누렇게 변색된 조명, 심지어 조명 커버조차 없다면 관리가 안 되고 있다는 느낌이 듭니다. 입주를 고민하며 견학 온 입장에서 당연히 좋게 보일 리가 없습니다.

이처럼 낡은 조명을 바꿔 다는 것만으로도 집안 분위기가 확 달라지고, 훨씬 안락하고 세련된 느낌을 줄 수 있습니다. 예쁜 조명은 인터넷을 통해 찾기 어렵지 않습니다. 구매한 조명을 어떻게 달지가 고민이라면 조명 관련 쇼핑몰에서 제공하는 서비스를 이용할 수도 있습니다. 비용은 개당 1~2만 원 정도입니다. 만약 도배를 한다면 작업자에게 부탁할 수도 있습니다. 도배 견적 상담 시 미리 이야기하면 무료로 협의가 가능합니다. (계약 결정 후 부탁하면 추가금이 발생할 수 있습니다.)

사진은 무조건 밝게! 홍보용은 가능하면 전문가에게 의뢰하라

바쁜 와중에도 모든 것이 순조롭게 진행되는 듯 보이던 때, 큼복이 넘은 뜻밖의 난관에 봉착했습니다. 공사를 마무리하고 가계약자들에게 연락했는데, 사정이 생겼다며 갑자기 취소하겠다는 것이었습니다. 부랴부랴 핸드폰으로 사진을 찍어서 인터넷에 광고를 올렸으나 반응이 생각보다 반응이 시원치 않았습니다.

같은 방도 사진에 따라 완전히 달라보인다

집은 깔끔하고 좋았는데, 왜 연락이 오지 않았던 것일까요? 큼복이 님의 연락을 받고 광고를 살펴보니 사진이 눈에 걸렸습니다. 사진 속 집은 실제보다 어둡고 좁아 보였습니다. 핸드폰으로 급하게 찍어서인지 중심선과 평행선이 맞지 않아 사진 자체가 어색해 보이기도 했습니다. 필자는 전문 사진사를 소개하여 사진을 처음부터 다시 찍기를 권했습니다. 그렇게 사진을 다시 올리자 꽤 많은 연락이 왔고, 그다음 날 3명이 견학을 예약했습니다. 순차적으로 방문한 2명이 그 자리에서 계약서를 써서 하루 만에 만실이 되었습니다.

쉐어하우스의 사진은 무조건 밝고, 넓게 나와야 합니다. 한 명이 거주하는 곳이 아니라 여러 명이 거주하기 때문에 특히나 신경을 써야 합니다. 꼭 DSLR이나 미러리스 같은 카메라가 아니어도 괜찮지만, 더 넓어 보이도록 광각렌즈를 이용하길 추천합니다. 또한 가능하다면 저녁보다는 낮에 사진을 찍고, 집에 있는 조명은 모두 켜고 찍는 것이 좋습니다.

그렇다고 과한 보정으로 실제 모습과 크게 차이가 나서는 안 됩니다. 견학 차 방문한 분들의 실망감이 배로 커지고, 방문객만 많아질 뿐 실제 계약에 이르는 경우가 드물게 됩니다. 사실을 왜곡하지 않는 선에서 밝고, 넓고, 깨끗하게 보이도록 하는 것이 중요합니다.

정원 변경 시에는 반드시 입주자의 동의를 거쳐야

큼복이 님의 수니 쉐어하우스는 현재 2개의 1인실과 1개의 2인실로 운영 중입니다. 얼마 전 입주자 한 분이 동생과 같이 거주하고 싶다고 요청해 와 방 1개를 2인실로 변경했기 때문입니다. 오픈 당시 입주했던 전원이 연장 계약을 희망하여 운영도 수월하고, 입주자가 한 명 더 늘어나 수익도 늘어났습니다.

여기서 한 가지 짚고 넘어갈 것이 있습니다. 쉐어하우스를 운영하다 보면 처음 정해 놓은 정원을 변경해야 하는 일이 생기기도 합니다. 상황에 따라서 정원을 줄이기도 하고 늘리기도 하는데, 늘어날 경우에는 반드시 기존 입주자들에게 동의를 받아야 합니다. 인원이 늘어나면 개인별 공용공간이 줄어들고, 특히 화장실 사용 등이 불편할 수도 있기 때문입니다.

큼복이 님은 제게 어떻게 하는 게 좋을지 문의했었는데, 동생과 같이 살기를 원하는 입주자가 다른 하우스 메이트들의 동의를 직접 구하는 편이 좋겠다고 조언했습니다. 운영자가 인원을 늘리겠다고 말하면 자칫 다른 입주자들의 오해나 반감을 살 수 있으므로, 해당 입주자의 요청에 의한 것임을 알리고 동의를 구하길 권했습니다. 이렇게 해서 의도치 않게 2인실이 하나 생겼지만, 차후에 자매들이 퇴실하면 다시 1인실로 쾌적하게 운영할 계획이라고 합니다.

투잡 운영자라면 수익성보다 자신의 상황을 고려하여 운영할 것

"간혹 왜 1인실로만 운영하냐는 분도 있습니다. 그러나 욕심 내지 않고 제가 할 수 있는 선에서 잘 관리하고 운영하는 것이 중요하다고 생각합니다. 만약 수익을 욕심 내 다인실로 구성했더라면 아무래도 손이 많이 가고, 입주자 모집도 수시로 필요했을 것입니다. 더 많은 시간과 노력이 필요했겠죠. 하지만 1인실로만 구성한 결과 관리 부담이 적어 적은 시간과 노력으로도 원활히 운영하고 있어서 만족합니다."

필자 또한 자신의 상황에 가장 맞는 형태로 쉐어하우스를 운영하는 것이 가장 좋다고 생각합니다. 특히 직장인이 투잡으로 운영하는 경우 최대한 효율적으로 운영할 방안을 모색해야 합니다.

쉐어하우스는 공간만 임대하고 몇 년 후 계약이 완료될 때에야 비로소 한 번 세입자와 집을 보게 되는 일반적인 임대와 다릅니다. 주거 서비스를 제공하므로 때때로 입주자와 소통하고 정기적으로 공간을 방문해야 합니다. 주거 인원이 많아지면 입주자들 사이에 문제가 발생하기도 하고 시설이 잘 관리되지 않는 경우도 있습니다. 신경 쓸 것이 많아져서 도저히 직장 생활과 병행하지 못하겠다고 포기하게 될 수도 있는 것입니다. 직장인이라면 초기에는 수익보다는 경험에 초점을 맞추고, 운영 노하우를 쌓은 다음 차츰 수익성을 높여나가는 것도 방법입니다.

수니 쉐어하우스의 근황

장소 서울 성수역 인근(성수역 5분 거리의 역세권 아파트로 직장인 수요가 많음)
여성 전용 타깃이 직장인으로, 남성보다는 여성 전용이 유리하다고 판단
주택 형태 소형 아파트
가격 책정 1인실 55만~59만 원
기타 본인 소유의 아파트로 일반 월세 시세는 100만 원 선임,
현재 쉐어하우스로 운영하며 월 198만 원의 사용료를 받고 있음

CHAPTER 3

쉐어하우스는 협력과 상생의 공간, 소통이 성공의 키다

서울 채운하우스

자기 소유의 집이 아니라 전대차로 쉐어하우스를 운영하기 위해서는 임대인을 설득하는 작업이 필요합니다. 또한 오픈 후에는 임대인뿐 아니라 입주자와도 소통해야 하죠. 운영자가 매일 쓸고 닦을 수는 없는 노릇입니다. 직접 집을 사용하는 주체는 입주자들이므로, 자율적으로 잘 관리될 수 있도록 독려하고, 불편한 점이나 문제점은 바로바로 정비해 입주자들이 이탈하지 않도록 하는 것 또한 성공적인 운영의 비결입니다. 지레 겁먹을 필요는 없습니다. 여기에도 노하우는 있으니까요. 청춘들과 더불어 소통하며 '더 나은 주거'를 모색하고 있는 채운 님의 사례를 소개하겠습니다.

채운하우스

지역 서울

운영방식 대학가 근처 대형 빌라를 전세로 임차하여 부부가 함께 운영

홈페이지 chaeun2018.modoo.at

채운 님은 민간 건설회사에서 사업 수주 업무를 담당하고 있습니다. 최근 몇 년간 뉴스테이 관련 업무를 맡으며 임대사업에 관심을 가지게 되었습니다. 뉴스테이는 쉽게 말해 기업에 월세를 내고 사는 임대주택의 일종입니다. 공공임대와 달리 주택 규모에 규제가 없으며, 입주 자격에도 제한이 없고, 의무 임대기간인 최소 8년 동안은 임대료 상승률도 5%로 제한됩니다. 새 아파트에서 집주인의 눈치를 보지 않고 살 수 있기 때문에 입주자들 사이에 인기가 높았습니다. 아쉽게도 이제는 공공지원 민간주택 임대사업으로 변경되어 더 이상 공급되지 않습니다. 그러나 이 같은 임대주택 관련 업무를 하다 보니 자연히 '내가 직접 할 수 있는 임대사업은 없을까?'라는 생각에 이르게 되었습니다.

"초기에는 상가 같은 상업용 부동산도 알아보았어요. 그런데 워낙 금액이 큰 데다, 공부할 것이 많아서 겁이 나더라고요. 아무래도 익숙한 주거용 임대사업 쪽으로 알아보자고 마음먹은 차에 트렌디하고 사업성도 좋아 보여 쉐어하우스에 관심을 가지게 되었습니다.

이후 《나는 집 없이도 월세 받는다》를 읽고 강좌에도 참여했는데, 강의 첫

날 '파이프라인의 우화'를 다룬 애니메이션을 보고 뒤통수를 맞은 것 같은 느낌이었어요. 집에 돌아오자마자 아내에게 그 영상을 보여주고 앞날을 더 진지하게 고민하게 됐습니다. 개미처럼 월급만 버는 데 급급해서 살 것인가, 아니면 파이프라인을 구축할 것인가에 대해 이야기했죠. 결론은 당장의 직업도 중요하지만, 다른 한편으로 든든한 파이프라인을 만듦으로써 시간적·경제적 자유를 도모해야 한다는 데 공감했습니다."

파이프라인의 우화

매일 물 나르는 일로 돈을 버는 두 청년 A와 B가 있었습니다. A는 매일 열심히 물을 길어 날랐고, B는 매일 길어 나르는 물은 적더라도 꾸준히 파이프라인을 건설했습니다. A가 길어오는 물의 양이 더 많았으므로 A가 더 많은 돈을 벌었습니다. 그러나 몇 년 후, 파이프라인이 완공되자 상황은 역전되었습니다. B는 이제 일하지 않고도 훨씬 더 많은 돈을 벌게 된 것입니다. 직접 일하지 않더라도 수익을 발생시키기 위한 방법을 모색해야 한다는 재테크 우화입니다.

이후 부부는 일심하여 쉐어하우스 사업을 준비해나갔습니다. 필자의 정규강의를 통해 쉐어하우스의 개념과 사업 모델, 실제 오픈을 위한 준비 과정, 소소하지만 직접 운영해보지 않고는 알기 어려운 노하우들을 습득하며 점차 자신감을 얻었다고 합니다.

좋은 매물을 찾았다면, 적극적으로 집주인을 설득하라

쉐어하우스 오픈을 마음먹으면 가장 먼저 맞닥뜨리는 고민이 있습니다. '어디에, 누구를 대상으로 열 것인가'하는 문제입니다. 필자는 '처음 시작한다면 일반 직장인보다는 학생들을 대상으로 하라'고 조언하곤 합니다. 이러한 조언에 따라 채운 님은 대학생을 타깃으로 하여 위치를 물색했습니다.

"쉐어하우스는 오픈보다 운영이 더 중요하다고 생각합니다. 지속 가능한 파이프라인을 만들기 위해서는 안정적으로 오래 운영해야 할 테니까요. 따라서 집과 멀지 않은 곳, 대학생들이 주로 거주하는 곳이란 두 가지 조건에 맞는 곳을 찾았습니다."

이렇게 선정한 지역은 건국대학교 인근, 한양대학교 인근, 고려대학교 인근이었습니다. 필자의 정규강의가 끝난 후 채운 님 부부는 3개 지역의 부동산을 돌며 매물을 찾았습니다. 그런데 쉐어하우스가 가능한 임대 매물을 찾기란 생각보다 쉽지 않았습니다. 집이 마음에 들면 집주인이 허락해주지 않았고, 집주인이 허락하는 물건은 위치나 구조가 그다지 마음에 들지 않았습니다. 가끔은 공인중개사가 집주인에게는 의사를 묻지도 않고 중간에서 끊어버리는 경우도 있었습니다. 이런 황당한 일도 겪었다고 합니다.

"정말 마음에 드는 집을 찾았으나 집주인이 전대차를 허락하지 않아 포기했어요. 그런데 한 달 후에 그 집이 쉐어하우스로 오픈하는 걸 보고 놀랐습니다. 황당하기도 하고 아쉽기도 해서 부동산에 다시 알아보니, 다른 분이 전대차로 계약하여 오픈한 것이었어요. 집주인 분은 거절했었는데, 임차인이 재차 찾아가 집주인을 설득했고 결국 계약이 성사되었다고 했습니다.

그 일에서 강하게 동기 부여를 받아서 이왕이면 적극적으로 해봐야겠다고 생각하게 됐고, 회사에서 하듯 집주인을 설득하기 위한 브리핑 자료를 만들었습니다."

채운 님 부부는 심기일전하여 집을 찾기 시작했고, 그러던 중 정말 맘에 드는 집을 한양대 인근에서 발견했습니다. 해당 매물은 방이 4개에 화장실이 2개였는데, 특이하게도 2개의 화장실이 모두 거실에 있는 구조였습니다. 두 번째 화장실은 안방에 있는 경우가 많아서 안방을 쓰지 않는 입주자들 입장에는 안방 화장실 사용이 조금 애매해지는데 이 집은 그런 점에서 장점이 확실했습니다.

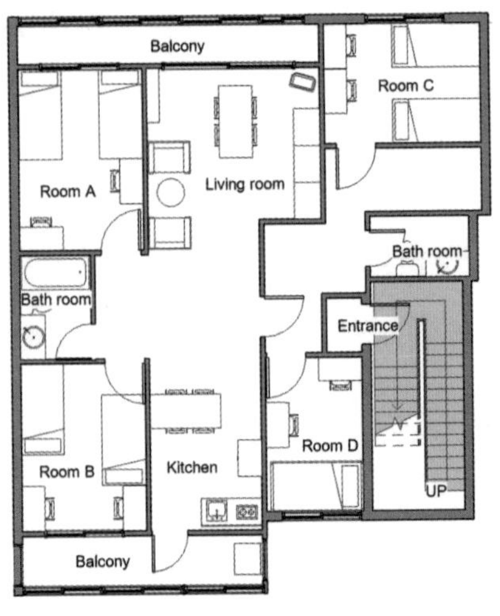

"이 집을 보는 순간 꼭 잡아야겠다는 생각이 들었어요. 쉐어하우스는 전체적인 평수보다는 방의 개수가 수익률을 좌우하잖아요. 이전 집주인이 하숙용으로 임대하기 위해 전체적인 수선을 한 번 한 것도 맘에 들었어요. 크게 수리하지 않고 소품이나 가구를 잘 배치하는 것만으로도 인테리어를 할 수 있겠더라고요. 게다가 임대 나온 매물은 4층이었는데, 바로 위층의 루프탑도 이용할 수 있었어요. 루프탑에서 바라보는 야경도 좋아서 나중에 쉐어하우스의 차별점이 될 수 있으리라 생각했어요."

해당 매물은 원래 매매로 나온 물건이었는데, 매수자가 장기투자용으로 매수 후 투자금을 줄이기 위해 전세입주자를 구하고 있던 상황이었습니다. 다행히도 어느 정도 목돈은 준비되어 있었기에 월세와 전세 중 어느 것이 더 유리

야경이 아름다운 루프탑은 입주자들에게도 좋은 서비스 공간이 되고 있다

한 지만 판단하면 되었습니다. 전세를 시중의 이자로 계산해 보니 월세보다는 오히려 전세가 나은 것으로 나왔고, 집주인을 만나기로 했습니다.

처음에 집주인은 '쉐어하우스가 무엇인지 잘 모르겠다, 학생들이 많이 살면 집이 낡게 되므로 솔직히 내키지 않는다'고 했습니다. 예상 가능한 반응이었죠. 채운 님은 미리 준비해온 브리핑 자료를 꺼내 들고 차근차근 설명했습니다. 가장 강조한 것은 어지간한 가정집보다 더 관리가 잘 되리란 점이었습니다. 그러면서 실제로 계획하고 있던 하우스 운영 및 관리 방안을 말하고, 일부 시설 인테리어는 세입자인 본인이 직접 투자할 계획도 가지고 있음을 알렸습니다.

그 결과 집주인도 긍정적으로 반응하여 쉐어하우스로 사용할 수 있도록 계약서에 특약까지 넣어주었습니다.

기존의 설비를 활용하여 깔끔하게 정비한 주방 및 공용공간의 모습

채운하우스의 리모델링 및 기본 설비

비용

리모델링 200만 원 + 가전, 가구 및 기타물품 500만 원

내역

❶ 리모델링 : 도배, 침실 장판, 조명, 화장실 리폼 등

❷ 가전 : 냉장고, 세탁기, 전기 밥솥, 청소기, 에어컨, 전자레지 등

❸ 기타 물품 : 책상, 침대, 식탁, 옷장, 책장 등

대학생 대상이라면 알아둬야 할 입주 시기

다른 사업과 마찬가지로, 쉐어하우스 또한 타깃 선정이 매우 중요합니다. 남성 전용이냐 여성 전용이냐, 주 대상이 직장인이냐 학생이냐에 따라 인테리어

나 운영 방침이 달라지기 때문입니다. 채운 님의 경우 처음부터 대학생을 대상으로 했기에 여성 전용이냐 남성 전용이냐의 고민이 남아 있었습니다.

시장 조사 결과, 한양대학교는 다른 대학에 비해 공과대학 정원이 많은 편이라 여학생보다 남학생 비율이 상대적으로 높다는 걸 알게 되었습니다. 더군다나 한양대 기숙사는 지은 지 오래되어 학생들에게 인기가 좋지 않은 편이었습니다. 이를 근거로 호기롭게 남성 전용 하우스로 오픈하기로 결정했습니다.

쉐어하우스는 운영 서비스 사업이라는 믿음이 있었기에 인테리어에는 그다지 힘을 주지 않았습니다. 도배와 화장실 리폼 등 꼭 필요한 부분만 바꾸고 가전과 가구 등은 인터넷에서 최저가로 구매했습니다. 큰 인테리어 없이도 집은 깔끔하고 안락해 보였으며 구조 또한 쉐어하우스에 최적이었기에 분명히 좋은 반응이 있으리라 생각하고, 홍보를 준비했습니다. 홈페이지와 블로그를 만들고, 온라인 홍보 계획도 세웠습니다. 하나하나 세심히 준비하고 이야기 나누며, 마치 신혼집을 마련하던 시절로 돌아간 듯 부부 사이도 좋아졌다고 합니다.

그런데 모든 준비를 마친 후 시간은 흐르는데 생각보다 연락이 오지 않는 것이었습니다. 조금씩 초조해지기 시작했습니다. 남성 전용이라는 타깃 선정을 잘못했던 것일까요?

문제는 대학교의 기숙사 발표일과 연관이 있었습니다.

대학가의 임대 성수기는 1~2월과 7~8월입니다. 쉐어플러스의 접속자 수를 그린 다음 장의 그래프를 보면 해당 시기에 반복적으로 많은 사람들이 접속한다는 걸 알 수 있습니다.

바로 이 시기에 더하여 '대학 기숙사 발표'일이라는 변수가 존재합니다. 기숙

쉐어플러스 접속자 추이

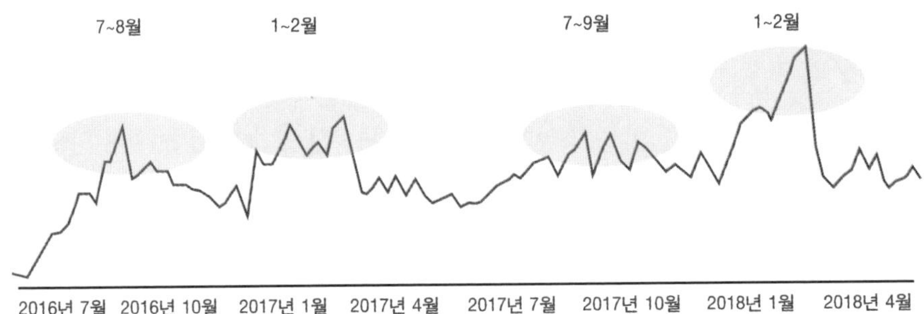

사 발표 전까지는 학생들이 방을 잘 알아보지 않기 때문입니다. 대부분의 부모님들은 자녀가 기숙사에서 안전하게 지내길 바라기에, 기숙사 발표가 나온 후에 방을 알아보게 하는 경우가 많습니다.

여담입니다만, 작년 모 여대의 기숙사 선정 기준이 바뀌어 방 구하기 대란이 일어난 적이 있었습니다. 저도 해당 학교 인근에서 집을 꼭 구해달라는 부모님들의 요청을 상당히 많이 받았는데, 소개할 집이 없어서 난감했던 경험이 있습니다.

다시 채운 님의 이야기로 돌아가 보겠습니다. 채운 님 부부는 쉐어하우스가 처음이었기에 이런 사실을 잘 몰랐습니다. 조바심이 점점 커졌고 고민 끝에 여학생 수요가 더 많을 것으로 생각하여 여성 전용 쉐어하우스로 바꾸기로 결정했습니다. 그리고 오픈 할인 이벤트와 룸메이트 추천 이벤트를 준비했습니다. 액수로 보면 그리 큰 금액은 아니었지만, 학생들 입장에서는 관심을 가질 거라 생각했습니다.

- 쿠폰은 모바일에서 사용할 수 있습니다.
- 친구 추천하여 입소시 월임대료 2만원 할인
- 대상 : 현재 입주중인 채운 가족

- 쿠폰은 모바일에서 사용할 수 있습니다.
- 친구와 동반 입주시 각각 1만원 할인

당시 홈페이지에서 발행했던 쿠폰

이후 견학 문의가 한 건 두 건 들어오기 시작했습니다. 그런데 의아한 건, 예상과 달리 문의해오는 학생들 상당수가 한양대 재학생이 아닌 타 학교 학생들이었다는 것입니다. 알고 보니 한양대는 다른 학교에 비해 기숙사 발표가 늦었고, 기숙사 발표가 빨리 난 인근 학교 학생들이 먼저 문의해온 것이었습니다.

"그렇게 만실이 되었는데 나중에 한양대 기숙사 발표가 났어요. 그날 이후 한양대 학생들의 문의가 빗발쳤는데 그중에는 남학생 문의도 꽤 있었습니다. 지금 생각해보면 남성 전용 하우스로 유지했어도 분명히 무리 없이 입주자를 모집할 수 있었을 텐데, 싶어요. 현재 입주자 구성은 정원 8명 중 한양대 학생은 2명뿐이고, 나머지 6명은 동국대와 한양여대 학생들입니다."

실제로 쉐어하우스 포털에 접속하는 성별 데이터를 살펴보면, 남성 접속자들의 비율이 33% 정도 됩니다43쪽 그래프 중 성별 부분 참조. 이메일이나 카카오톡 친구 등으로 방 문의를 하는 남학생들도 점점 늘고 있습니다. 남성 전용 하우스의 경우 한 번 입주하면 여성들에 비해 잘 이동하지 않고, 어지간한 것은 스스로 고치기 때문에 손이 덜 가고 편하기도 합니다.

하지만 운영자 입장에서는 건장한 남성들을 대면한다는 것이 조금 부담이 될 수도 있습니다. 그러므로 남성 전용 하우스는 일반인보다는 대학생들을 대상으로 하는 것을 추천하고 싶습니다.

혼자가 아니라 함께, 협력과 상생의 공간으로 키워나가다

효과적인 운영을 위해 채운 님 부부는 각자의 업무를 분담했습니다. 직장 생활을 하는 채운 님은 쉐어하우스의 시설을 관리하고, 낮 시간에 시간적 여유가 있는 부인이 견학 및 운영 서비스 전반을 맡았습니다.

채운 쉐어하우스의 운영 방침은 최대한 학생들이 자유롭고 편안한 분위기에서 살 수 있게 해주는 것입니다. 운영자가 모든 규칙을 정하는 것이 아니라,

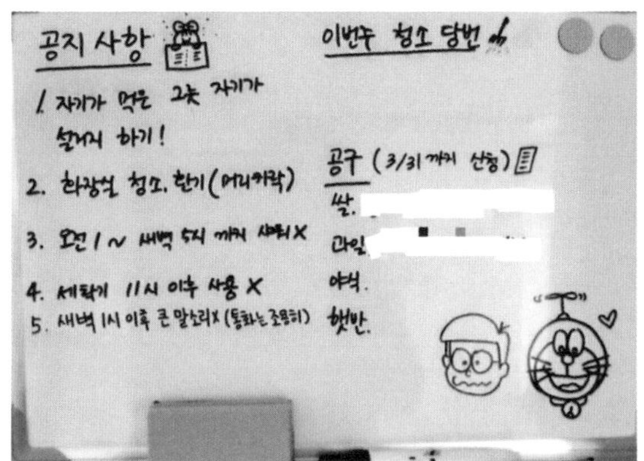

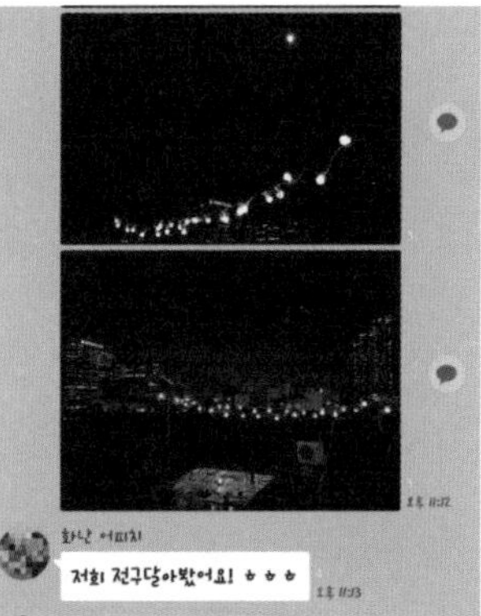

공용공간에 설치된 화이트보드(좌), 입주자들이 루프탑에 조명을 달고 단체톡에 올리기도 한다(우)

이슈가 생길 때마다 함께 회의하고 논의하여 결정합니다. 예를 들어 대학교의 특성상 방학 때 고향집에 내려가거나 여행 가는 학생들의 경우, 공과금을 어떻게 해야 할지도 논의해서 정했습니다.

기본적인 단체 생활 규칙 등은 입주 계약서를 작성할 때 같이 안내하고, 공용공간에는 화이트보드를 설치하여 공지사항과 청소 당번 등 하우스 생활에서 필요한 정보를 공유합니다. 그리고 단체톡방을 만들어 입주자들과 격의 없이 지내며, 실시간 응대도 하고 종종 회식도 하며 불편함이 없도록 최대한 지원하고 있습니다. 입주자들의 요구 사항은 가능하면 다 수용하는 편입니다.

이런 분위기 덕분인지 입주자들 또한 자율적으로 공간 관리 및 정비에 나서고 있습니다. 얼마 전에는 입주자들이 옥상에 화분을 놓고 조명을 달았다며 사진을 보내왔다고 합니다.

"처음 쉐어하우스를 시작할 땐 모르는 사람들끼리 사는 건데 과연 잘 지낼 수 있을까, 하고 약간이나마 걱정했었어요. 그리고 어떻게 하면 같이 사는 분들끼리 친하게 만들 수 있을지 고민했습니다. 그런 고민이 무색하게도 처음부터 너무나도 잘 지내줘서 정말 고마웠어요."

채운하우스는 학교 개강 전에 만실이 되었으며, 현재는 입주자 대기 예약까지 받고 있는 인기 쉐어하우스가 되었습니다. 이제 운영에 대한 자신감까지 생기게 되어 2호점 오픈을 준비 중에 있습니다.

채운彩雲이라는 명칭은 '다채로운 빛을 띤 구름'이란 뜻입니다. 소유보다는 공유를 추구하는 청춘들에게, 혼자보다는 함께하는 청춘들과 더불어 살아가고 싶은 공간을 제공하겠다는 철학과 마음가짐이 느껴집니다.

채운하우스의 근황

장소 서울 왕십리역 인근(한양대 인근으로 대부분 학생 수요임)
여성 전용 남성 전용으로 오픈했다가 여성 전용으로 변경
주택 형태 중대형 빌라
가격 책정 1인실 38만~43만 원
기타 전세 4억 원에 임차하여 운영 중이며, 현재 월 335만 원의 사용료를 받고 있음

CHAPTER 4

쉐어하우스도 부동산 투자의 일종, 최고의 수익률을 내는 방법

서울 바다유 쉐어하우스

바다유 님은 30대 초반의 남성으로 쉐어하우스 강의를 통하여 알게 된 분입니다. 본업은 아버지의 무역회사에서 수출입 업무를 돕고 있는데, 비교적 젊은 나이지만 부동산 투자에 눈을 떴습니다. 그래서 부동산 매매 사업자 법인도 설립하여 주로 아파트 매매 및 임대사업 투자를 해왔습니다.

그런 그가 쉐어하우스를 새롭게 시작하게 된 이유는 높은 수익률 때문이었습니다.

바다유 님이 필자의 강의에 참석한 이유는, 부동산 투자를 많이 해왔지만 일반적인 부동산 투자의 속성상 세입자를 직접 만나볼 기회는 적어서였다고 합

바다유 쉐어하우스

지역 서울

운영방식 강남 지역을 중심으로 지점을 확장하여 현재 7개 지점 운영 중

홈페이지 blog.naver.com/vadayu88888

니다. 쉐어하우스 사업자는 법인으로 냈는데 특별한 이유가 있다기보다는 이미 매매 사업자 법인을 운영 중인 데다 법인 형태의 사업 운영과 비용처리 방법이 익숙했기 때문이었습니다. 법인을 통해 사업하다 보니, 부동산 계약도 법인 명의로 이뤄졌습니다. 법인 명의라고 해서 특별하게 계약상 유리한 점은 없었다고 합니다.

베테랑 투자자가 말하는 '좋은 집 구하는 법'

지역 선정에 대해서는 강남 지역에 수요가 많다고 판단하여, 강남 지역에 집중하여 알아보았습니다. 워낙 부동산 매매 경험이 많은 편이라 집을 구하는 데 큰 어려움은 없었습니다. 그 비결은 생각보다 아주 단순했습니다.

첫째, 하나의 매물에 집착하지 않았습니다. 맘에 드는 물건이라도 주인이나 공인중개사가 난색을 표하면 깔끔하게 포기하고 다른 부동산으로 갔습니다. 특히 강남 지역은 집주인들이 까다로운 편이라 쉐어하우스 운영에 관한 허락을 받기가 다른 지역보다 어렵습니다. 그러나 바다유 님은 '여기가 안되면 다른 곳은 되지 않겠냐'라는 다소 단순하면서도 낙천적인 사고로 여러 부동산 사무소를 돌아다녔고, 결국 가능한 집을 얻을 수 있었습니다. 본인의 마음에 들고 쉐어하우스로 이용이 가능한 집을 찾기까지, 대략 7~8군데의 부동산 중개사무소를 돌아다녔다고 합니다.

둘째, 일단 거래하게 되면 확실하게 신뢰를 쌓았습니다. 덕분에 한 곳의 부동산에서 여러 개의 물건을 소개받기도 했습니다. 이러한 방식으로 집을 구하여 단 6개월 만에 7개의 쉐어하우스를 오픈했습니다. 7개점 중에 6개점이 강남이 위치해 있고, 7호점만 서울대입구역에 있습니다.

강남은 우리나라에서 단위면적당 가장 일자리가 많은 지역이고, 가장 선호하는 주거지역 중 하나입니다. 그러나 전체적인 주거 서비스 공급이 부족한 편이고, 1인 가구를 위한 주거 공급 또한 많은 편이 아닙니다. 그렇다 보니 공급보다는 수요가 많은 지역이라 할 수 있습니다.

쉐어플러스에 등록된 구별 쉐어하우스 현황

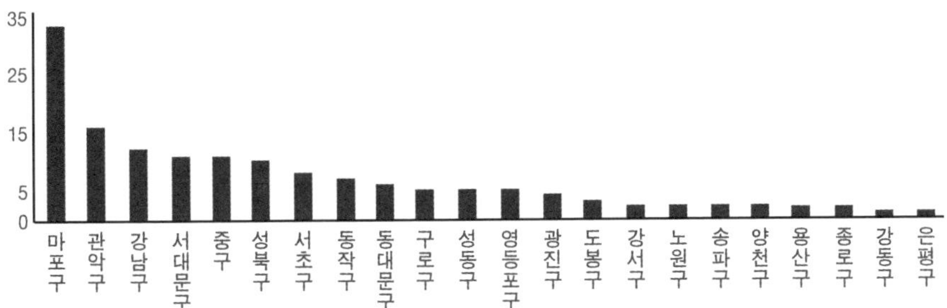

쉐어하우스도 마찬가지인데, 수요에 비해 강남구의 쉐어하우스 공급은 적은 편이라 할 수 있습니다. 아무래도 집 값이 비싸고 더 이상 가용할 땅도 부족하기 때문일 것입니다.

그렇다면 강남 지역에서 쉐어하우스를 찾는 입주 희망자들은 어떤 사람들일까요? 강남 지역 하면 직장인 수요를 떠올리기 쉽지만, 실제로는 직장인뿐만 아니라 학생들의 수요도 꽤 있는 편입니다. 아시겠지만 강남구에는 4년제 대학이 단 한 개도 없습니다. 그런데 학생 수요가 많다니 어떻게 된 일일까요? 지방에서 올라온 학생들의 수요가 많은데, 지방에 없는 학원이나 자격증 학원 등이 밀집해 있기 때문입니다.

실제로 바다유 하우스에 입주한 학생들의 구성을 보면, 취업이나 자격증 시험을 위해 서울로 올라온 지방의 대학생들이 많다고 합니다.

단점을 전략으로 극복하다

7호점인 서울대입구역 지점은 강남 인근이 아니었지만 구조가 너무 마음에 들어 계약했습니다. 이곳은 방의 개수가 무려 5개인 빌라입니다. 쉐어하우스의 수익을 좌우하는 것은 집의 평수가 아니라 방의 개수임을 알고 있었기에, 찾던 지역은 아니었지만 물건에 대해 설명을 듣자마자 당일 방문하여 계약했다고 합니다.

"아는 중개사 님에게 서울대입구역에 좋은 집이 나왔다고 연락을 받았어요. 전 사실 강남 지역만 집중하고 싶었습니다. 그래서 처음에는 그다지 관심을 가지지 않았는데, 방이 5개라는 말에 깜짝 놀랐어요. 그날 바로 방문해서 살펴보니 정말 쉐어하우스 하기에 딱 좋은 집이었습니다."

위에서도 언급했듯, 쉐어하우스의 수익률에 큰 영향을 주는 것은 방의 개수와 화장실 개수입니다. 바다유 하우스는 공교롭게도 7개 지점의 화장실의 개수가 모두 1개입니다.

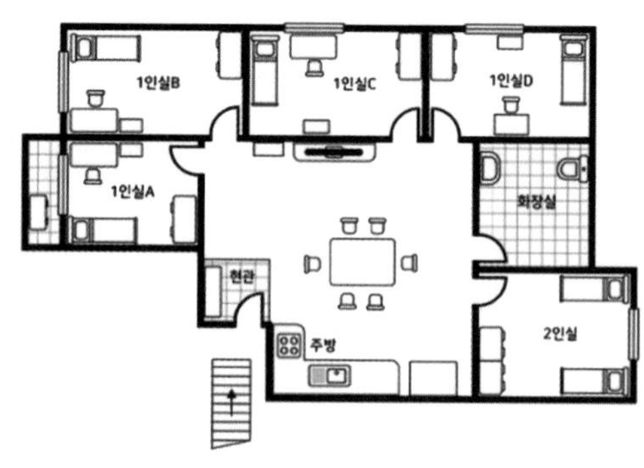

바다유 하우스 7호점 평면도

화장실이 2개 있는 집은 가격이 그만큼 비싸 얻을 수 없었습니다. 대신 정원을 5명으로 정하고, 라이프 스타일이 다른 입주자들을 섞어서 구성했습니다. 기본 구성은 직장인 3명, 학생 2명으로

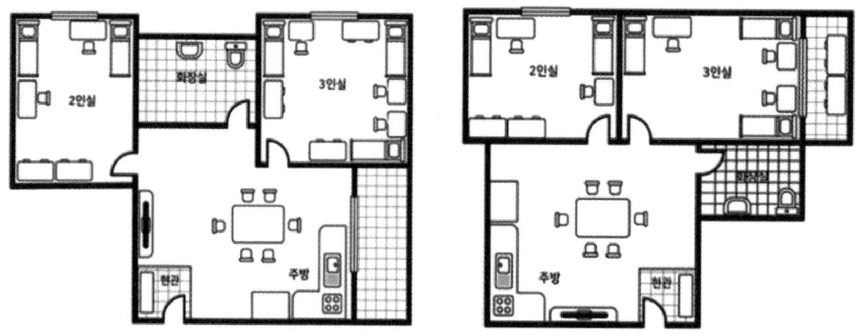

5호점(좌)과 6호점(우)의 구조도

잡고 이 기준에 최대한 맞추어 입주자를 모집했습니다. 그 덕분인지 아직까지 화장실 사용과 관련된 컴플레인은 없었다고 합니다.

5호점, 6호점의 경우 쉐어하우스에서는 그다지 선호하지 않는 구조인 투룸을 얻어 운영 중입니다. 강남은 타 지역에 비해 집을 얻기가 쉽지 않아서 내린 과감한 결정이었습니다. 2인실과 3인실로 구성하고 인근에서 적당한 가격을 받으니 별 무리 없이 만실이 되었습니다.

낡은 집의 리모델링은 선택적으로 할 것

여러 부동산을 돌아다닌 끝에 집을 구할 수는 있었지만, 아무래도 임대용으로 나온 물건들이라서 그런지 연식도 오래되고 수리가 되어 있는 집이 별로 없었습니다. 당연히 화장실도 그리 깨끗한 편이 아니었습니다. 처음에는 화장실

1호점 화장실, 2호점 화장실, 3호점 화장실(좌측부터)

을 수리하지 말까 잠시 고민도 했으나, 여성 직장인들 입장에서 생각해보니 깨끗한 화장실이 매우 중요한 문제라 생각되어 수리를 결심했습니다. 더군다나 화장실 개수도 부족한 상태에서 깨끗하지도 않다면, 분명 운영에 문제가 생길 것 같았습니다.

"부동산 거래를 많이 하다 보니 알게 된 작업자 분들이 계셨어요. 그분들에게 화장실의 개별 상태에 따라 부분 수리를 맡겼고, 누가 봐도 깨끗하고 깔끔하게 수리하는 것으로 가격 부담을 줄였습니다. 여러 호점을 비슷한

부분 수리의 직영/셀프 공사

인테리어 비용을 절감하기 위해서는 부분 수리 및 가능한 범위 내에서 직영 또는 셀프 공사를 고려하는 것이 방법입니다. 예를 들어 부엌이라면 기존 타일 위에 타일을 덧방하거나, 싱크대 상판만 교체하거나, 문짝만 페인트칠하고 손잡이를 교체할 수도 있습니다. 상태를 봐서 적절하게 선택하십시오. 화장실용 페인트, 싱크대용 붙이는 타일 등 셀프 인테리어용 자재가 많이 출시되어 있으며 관련 정보도 인터넷에서 쉽게 찾을 수 있습니다.

시기에 오픈하다 보니 동시에 수리할 화장실이 많았기 때문에 일감을 몰아드리고 동일한 자재를 사용하도록 하여 가격도 상당히 저렴하게 낮추어 수리할 수 있었습니다. 나머지 인테리어의 경우, 도배, 장판 등 큰 비용이 드는 부분은 아니었으며, 가구나 가전 등은 저렴한 것들로 인터넷을 통해 구매했습니다."

인테리어 및 가구를 완비한 후 바다유 님으로부터 사진을 받아보았는데, 솔직히 그다지 세련된 느낌은 들지 않았습니다. 하지만 위치가 강남인 데다, 화장실도 깨끗하게 수리했기 때문에 가격만 적정하게 선정하여 운영한다면 큰 무리는 없으리라 생각했습니다.

바다유 쉐어하우스 1호점의 리모델링 및 기본 설비

비용

리모델링 400만 원 + 가전, 가구 및 기타물품 500만 원

내역

❶ 리모델링 : 화장실 수리, 도배, 장판, 싱크대 교체

❷ 가전 : 냉장고, 세탁기, 전기 밥솥, 청소기, 에어컨, 전자렌지, 가스렌지 등

❸ 기타 물품 : 렌지 후드, 침구 등

만실의 비밀, 적정한 가격과 차별화된 서비스로 승부하라

인테리어를 마치고 가구 배치를 하던 중 질문이 있다며 필자에게 연락이 왔습니다. 1호점의 경우, 방 사이즈가 애매하여 방 구성을 어떻게 할까 고민이라는 것이었습니다.

원래 계획은 방 3개인 경우의 가장 일반적인 구성인 1인실 1개, 2인실 2개로 구성하는 것이었습니다. 그런데 막상 가구를 넣어 보니 작은 방 1개가 2인실로 꾸미기에는 너무 작아 보였습니다. 반면에 안방은 꽤 크게 나와서 3인실도 무리가 없어 보인다는 것이었습니다. 가구를 넣기 전에는 감이 오지 않았는데 막상 가구를 배치하다 보면 이런 고민에 맞닥뜨리는 경우가 있습니다.

저는 일반적으로 3인 이상의 다인실은 권하지 않습니다만, 상황상 어쩔 수 없어 보이기도 했고, 3인실 가격을 강남에서 구하기 어려운 가격으로 정한다

면 좁은 2인실 보다 나을 수 있을 것 같다고 조언했습니다. 1인실이야 수요가 많으니 당연히 금방 나갈 것이고, 3인실의 경우 가격이 싸면 경쟁력이 생기리란 판단이었습니다. 강남이라는 지역적 특색이 있었기에 이러한 결정을 하기가 좀 용이했던 것 같습니다.

여기에 더해 차별화된 서비스를 더했습니다. 바다유 님의 쉐어하우스는 수리하여 깨끗하긴 했지만 기본적으로 낡은 집이었기에 이런 점을 상쇄할 장점이 필요했습니다. 입주자 중 상당수가 직장인임을 감안하여 '생활에 불편함이 없는 서비스'로 콘셉트를 잡고, 주 1회 청소 서비스를 제공하기로 했습니다. 또한 기본 식자재인 각종 양념과 쌀뿐아니라 샴푸, 수건, 세제도 공급하고 오래

바다유 하우스에서 제공 중인 서비스들

된 다세대주택의 고질적인 해충 문제를 고려하여 방역 서비스까지 제공했습니다.

이러한 여러 가지 노력이 입주자들의 호응을 끌어낸 결과 바다유 하우스는 오픈 후 2~3주 정도에 만실이 되었고, 현재는 7개점 모두 만실로 운영 중입니다. 이러한 서비스는 생각보다 비용이 많이 들지 않으며, 비용 대비 효과도 상당히 좋습니다. 다만, 소모품을 제공하다 보니 사용하다 떨어지면 연락이 오는 경우가 많고, 종류도 다양해서 운영자 입장에서는 다소간 번거로움이 있습니다. 또한 조리한 식사를 제공하고 단기로 임대하면 세법상 과세사업자로 판단받을 수도 있으니, 식사 제공 등과 관련해서는 주의해야 합니다.

바다유 님은 부친의 회사에서 일하고 있어 다른 직장인들에 비해 자유로운 편입니다. 그러나 운영하는 쉐어하우스가 7개를 넘기며 자잘한 요청도 많이 생기게 되었습니다. 운영을 맡아할 사람을 고용할지 고민한 끝에, 지금 운영하는 7개점만으로는 비용상 무리가 있다고 생각돼 15개 정도를 오픈하면 운영 전담자를 고용할 계획입니다. 바다유 님의 목표는 2018년 내에 20호점을 오픈하는 것입니다.

이렇게 다양한 서비스를 제공하려면, 아무래도 운영비 중 가장 큰 비중을 가지고 있는 임대료가 저렴해야 합니다. 바다유 님이 집을 싸게 얻는 비결은 특별한 것이 아니었습니다. 일관되게 공손한 태도로 집값을 깎아달라고 제안하고, 원하는 가격으로 조정되지 않으면 포기하고, 다시 알아보는 것을 반복했다고 합니다. 이렇게 하여 처음 제시된 월세에서 10%의 정도 가격 경쟁력을 가지게 되었고, 합리적인 가격으로 입주자들을 모집할 수 있었습니다.

직장인 입주자들을 위한 맞춤형 대응 방식

직장인 입주자들은 입주자 환영회 같은 것을 부담스러워하는 경우가 종종 있습니다. 바다유 님은 이 점을 감안하여 깊이 있는 소통보다는 이슈가 발생했을 때 바로 처리해주는 것을 운영 콘셉트로 잡았습니다.

시설이나 서비스에 대한 이슈 외에 발생할 수 있는 입주자들 간의 갈등에는 어떻게 대처했을까요? 이 부분에 대해서는 바다유 님만의 원칙이 있습니다.

"일단은 양쪽의 말을 다 잘 들어줍니다. 그러나 트러블이 생기면 양쪽 모두 퇴실시키는 것으로 해결했습니다. 개개인의 잘잘못을 따지기도 애매한데다 한 사람만 퇴실시키면 자존심 문제로 일이 더 커질 거라 생각하여 쌍방 모두 퇴실로 결정했습니다. 결과적으로 생각보다 쿨하게 퇴실했고, 다른 입주자들도 공동 생활에 주의하면서 살게 되었습니다. 물론 입주자를 새로 모집해야 해서 일정 기간 손해를 볼 수도 있지만, 초기에 이렇게 문제를 제거하고 새로운 입주자를 모집하는 것이 중장기적으로 보면 오히려 이득이라고 판단됩니다."

바다유 쉐어하우스의 근황

장소 서울 강남역 인근 7개 지점(강남역 특성상 직장인이 많으나 학생들 수요도 상당한 편) 여성 전용

주택 형태 중소형 빌라(투룸, 쓰리룸)

가격 책정 1인실 53만 원, 3인실 33만 원

기타 저렴하게 집을 얻어 가격 경쟁력을 가지고 있으며, 지점별 월 평균 200만 원 이상의 사용료를 받고 있음

CHAPTER 5

20대 여성 직장인의 리얼 쉐어하우스 운영기

서울 그린 쉐어하우스

청년 주거문제가 심각한 사회 현안으로 떠오른 지 오래입니다. 청년 주거문제라고 하면 흔히 열악한 환경만을 떠올리기 쉽지만, 외로움이나 두려움, 고립감 등의 정서적인 문제도 무시할 수 없습니다. 태어나 난생처음 집을 떠나온 청년들 중 상당수가 비용의 문제로 고시원의 좁은 공간에 갇혀 단절감을 느끼거나, 반지하 자취방에서 안전에 대한 공포감을 느끼며 살아가는 것 또한 사회가 관심을 가지고 보살펴야 할 문제라고 생각합니다. 그런 면에서 쉐어하우스는 단지 주거 비용 부담을 덜어줄 뿐 아니라 '인간적인 주거'를 제공하는 의미 또한 가집니다. 시설적인 부분만이 아니라 비슷한 또래와 처지의 사람들이 모여 협

그린 쉐어하우스

지역 서울

운영방식 본인이 직접 거주하며, 서울대입구역을 중심으로 현재 2개 지점 운영 중

홈페이지 blog.naver.com/pjh02021

력하고 함께 정서적인 안정을 꾀하는 공간으로서의 의미도 있습니다. 이번 챕터의 주인공 그린하우스 님은 그 자신이 혈혈단신 서울에 올라와 고시원에서 살며 느낀 문제를 쉐어하우스 설립으로 해결하고, 진정한 '쉐어하우스함께하는 집'를 만들었습니다.

그린하우스 님은 지방 출신의 20대 직장인 여성으로 고향에서 5년간 직장 생활하다가 서울의 회사에 취업하여, 서울에 올라온 지는 약 1년 정도 되었습니다. 처음 서울에 올라왔을 때는 주변에 아는 사람도 없었고, 바로 회사에 출근해야 했기 때문에 알아볼 틈도 없이 급히 회사 근처의 고시원에 방을 얻어 살게 되었습니다. 하지만 고시원의 좁은 환경과 시설은 매우 불편했고, 여성이었기에 보안상으로도 불안했습니다.

회사에 적응하는 것도 쉽지 않았지만, 퇴근 후에도 편안하게 쉬지 못하여 전체적인 삶의 만족도가 매우 떨어졌습니다. 인근의 원룸으로 옮기려고 시세를 알아보았는데, 위치가 괜찮고 시설 등이 깨끗하여 살 만한 곳은 너무 비쌌습니다. 결국 회사와 조금 거리가 있는 지역의 적당한 가격의 원룸을 얻어서 살게 되었습니다. 그러나 여전히 뭔가 답답함이 느껴졌고, 아는 사람이나 친구들도 없었기 때문에 퇴근 후에는 많이 외롭고 쓸쓸하기까지 했습니다.

그렇게 해서 더 나은 환경에서 살 수는 없을까 하며 알아보던 중 쉐어하우스를 접했습니다.

"처음에는 나도 한번 쉐어하우스에서 살아 볼까 싶어서 이것저것 조사해봤어요. 하지만 쉐어하우스에 대한 확신이 없었기에 주저하고 있었습니다. 그러던 중 우연히 회사 인근의 서점에서 쉐어하우스 관련 책을 보게 되었는데, 입주자가 되는 방법 외에 운영자가 되는 방법도 있음을 알게 되었습니다. 어차피 혼자 살아도 보증금 등 목돈이 들어가잖아요? 그런 것을 감안하면 제가 쉐어하우스에 살면서 운영해보는 것도 괜찮을 것 같았습니다."

보통의 쉐어하우스들은 하우스 매니저가 거주하지 않고, 입주자들만 거주하는 형태가 일반적입니다. 그린하우스 님은 본인이 서울에서 거주할 공간도 필요했고, 쉐어하우스를 직접 운영해보고 싶기도 했습니다. 처음에는 두 가지를 분리해서 생각했지만, 직접 살아 보는 것만큼 쉐어하우스를 잘 알 수 있는 방법은 없을 거라 생각하여 그 자신이 쉐어하우스의 운영자이자 입주자가 되기로 결정했습니다. 서울이라는 낯선 공간에서 혼자 사는 외로움을 벗어던지고자 하는 감정도 있었습니다.

그린하우스 님은 필자에게 '쉐어하우스에 직접 거주하며, 운영하는 것이 어떻겠냐'고 물었습니다. 필자는 입주자들과 연령대가 큰 차이가 나지 않으리란 점, 하우스 메이트로서 진정성 있게 다가선다면 메리트가 있을 것이라고 답했습니다.

직접 거주할 쉐어하우스를 구하다

이후 적합한 집을 얻기 위해 여러 지역을 검토하고 고민했는데, 고려해야 할 사항이 몇 가지 있었습니다.

우선 그린하우스 님이 다니는 회사와의 거리였습니다. 운영자이지만 동시에 입주자이기도 했기에, 직장이 위치한 강남역과의 접근성이 좋은 곳을 후보지로 삼았습니다. 그리고 2호선 라인을 중심으로 매물을 찾았습니다. 그중 상대적으로 가격이 저렴하고, 대상층도 대학생뿐 아니라 직장인 수요도 있어 보이는 서울대입구역 인근이 눈에 들어왔습니다.

게다가 서울대입구역은 여러 복합적인 문화 상권도 형성되어 있었고, 집을 얻기 위해 필요한 월세 가격도 다른 지역에 비하면 저렴한 편이라 쉐어하우스

에 적합한 곳이라 판단했습니다. 다만, 부동산에 방문하여 매물을 살펴보다가 언덕이 많은 지역임을 알고 나서 고민이 많아졌습니다. 대부분의 집들이 언덕 위에 위치하여 여학생들이 꺼려하지 않을까 걱정되었던 것입니다. 그나마 언덕길이 1분 미만인 곳을 찾아 최종적으로 계약했습니다.

최소한의 비용, 그러나 젊은 감성 깔끔한 느낌으로

리모델링은 비용 절감을 위해 최소화하고, 입주자들을 고려하여 전체적으로 밝은 톤과 젊은 감성으로 콘셉트를 잡아 수리했습니다. 전체적인 비용은 간단한 인테리어 및 가전, 가구 등의 설비를 구비하는 데 약 600만 원 정도의 비용이 들었습니다.

처음 오픈을 준비할 때는 조립해야 할 가구도 많고 설치할 물품도 많아 애를 먹었습니다. 다행히도 서울에서 알게 된 친구들이 많이 도와주었고, 오픈하기 2주 전부터는 거의 매일 퇴근 후 집에 들러 청소하고 정리를 했습니다.

그린 쉐어하우스 1호점의 리모델링 및 기본 설비

비용

가전, 가구 및 기타물품 600만 원

내역

❶ 리모델링 : 수리내역 없음

❷ 가전 : 냉장고, 세탁기, 전기 밥솥, 청소기, 에어컨, 전자레지, 가스렌지 등

❸ 기타 물품 : 렌지 후드, 침구 등

몸은 조금 힘들었지만, 본인이 들어가서 살 집이었기에 애정도 컸습니다. 점점 집이 예뻐질수록 설레기도 했습니다.

"쉐어하우스를 준비하면서 몸은 좀 힘들었지만, 정말 재미있었어요. 원래 인테리어나 공간에 대해 관심이 많은 편이었는데, 직접 하나하나 고쳐나가는 것이 스스로 기특하기도 했어요. 돈을 버는 것도 있겠지만, 내가 좋아하고 재미있는 일을 하게 되어 더 기뻤습니다."

전단에서 커뮤니티, SNS까지 가능한 홍보수단을 다 동원하라

입주자 모집과 관련해서는 처음엔 어려움을 겪기도 했습니다. 성수기인 1월에 오픈했지만, 유난하게 추웠던 날씨에 사람들이 밖으로 다니질 않았습니다. 언덕길에 위치한 집이 여학생들에게는 조금은 힘든 점도 원인이었습니다.

또한, 직장 생활을 하다 보니 학생들이 원하는 시간에 견학을 시켜주지 못한 점도 큰 이유 중 하나인 듯했습니다. 그래서 평일 저녁이나 주말 시간을 잘 활용하거나, 먼 거리에 있거나 시간이 맞지 않아 직접 방을 보러 오지 못하는 경우에는 쉐어하우스 내부 영상을 촬영하여 보내주었습니다. 일단 견학 온 방문객들에게는 따뜻한 차를 끓여 주고, 손도 녹여주면서 편안한 분위기를 만들었습니다. 이렇게 하자 한 달 만에 모든 인원을 모집할 수 있었습니다.

입주자 모집 시에는 다양한 채널을 통한 광고가 매우 중요합니다. 특히 대학생을 대상으로 하는 쉐어하우스의 경우, 학교 커뮤니티 사이트의 방 구하기 메

뉴 등에 광고하면 큰 효과를 볼 수 있습니다. 직접 올리는 것이 어렵다면 이미 입주한 입주자 학생에게 부탁하는 것도 방법입니다.

고전적인 방법이지만 성수기 시즌에는 학교 앞에서 나눠주거나 벽에 붙이는 전단지가 효과를 발휘하기도 하니 시도해보는 것도 좋겠습니다. 다만, 너무 단순한 금액 정보보다는 옆의 예시와 같이 재미있는 문구를 작성하여 배포하도록 합니다. 이렇게 하면 종종 학생들의 SNS에서 공유되며 훌륭한 입소문 마케팅이 될 수 있습니다. 전단지는 학교 게시판 외에도 학생들이 많이 다니는 동선을 파악하여 배포하는 것이 효과적입니다.

날이 좋아서 날이 적당해서
끝방 삼촌… 아니라 누나, 형 찾습니다

아직 방 두 개 남았어요.
주방, 거실 따로 있습니다.
올봄에 올 수리, 첫 입주의 영광을 누리시길.
(참고로 화장실이 내 방보다 깨끗하고 넓어서 하루 잤음)

직접 보면 생각보다 너무 좋아서
웃음을 참을 수 없어 펵이나 난감할 것.
대단지 아파트라 한밤중에 귀가해도
도깨비랑 저승사자가 사는 집만큼이나 안전함.

월세 200 – 20

센스 있는 전단일수록 입소문 홍보를 기대하기 좋다

주거 공간이자 공유와 소통의 공간이 된 쉐어하우스

그린하우스 님은 쉐어하우스 운영에서 소통을 가장 중요한 요소로 생각했습니다. 소통할 수 있는 공간적 환경도 중요하다고 생각하여 하우스 입구 쪽에 서로에게 이야기하고 싶은 것을 자유롭게 적을 수 있는 화이트보드를 배치했고, 서로 응원하는 멘트나 덕담 등을 적어 두기도 했습니다. 또 운영하면서 입주자들에게 불편한 것이 없는지 주기적으로 물어보았습니다. 요청사항 등이 생기면 최대한 빠르게 해결해 주려고 노력했는데, 이 점에서 입주자들의 만족도가 매우 높았다고 합니다.

현재 입주자들은 모두 학생들인데, 그린하우스 님은 종종 하우스 입주자들에게 브런치도 만들어 주고, 매달 라면과 초콜릿 등의 간식도 제공하고 있습니다. 단순한 입주자가 아니라 함께 사는 동생들이라고 생각하자 자연히 일상적인 배려를 하게 되었고 하우스 메이트들 간에 우애도 깊어졌습니다.

그린 쉐어하우스는 입주자가 입주 시에 1번, 퇴실할 때 1번은 꼭 치맥 파티를 하고 있습니다. 파티만 하는 것이 아니라 서로에게 원하는 부분이나 서운한 부분, 서로에게 바라는 것 등을 파티 때 이야기하도록 자연스럽게 분위기를 조성하고, 입주자가 나갈 때에는 롤링페이퍼를 적어서 추억을 만들어주기도 했습니다.

다른 쉐어하우스의 경우 입주자 파티를 하는 경우는 많지만, 퇴실 시 따로 챙겨주는 건

입주자 환영회

입주자가 들어오면 간단한 환영회를 여는 것이 좋습니다. 그래야 한 집에 사는 사람들끼리 서로 어색하지 않게 말문을 틀 수 있습니다. 함께 사는 사람들끼리 잘 소통하게 될 것 같지만, 실제로는 그렇지 않은 경우도 많습니다. 이것은 하우스 메이트들의 연령대나 성격 등에 좌우되므로 운영자로서 적절하게 판단하여 네트워크 구성에 도움을 주어야 합니다. 입주자 중 연락하기 편한 한두 명 정도를 통해 분위기를 살피는 것도 방법입니다.

드뭅니다. 그린하우스 님은 좋은 인연을 끝까지 유지하고 싶은 생각에 이 같은 페어웰 파티도 하고 있습니다. 덕분에 퇴실한 학생들과도 지속적으로 연락하며 지냅니다. 쉐어하우스를 운영하며 가장 만족스러운 점이 바로 이런 인간관계를 만들었다는 것입니다.

"저는 운영자이면서 입주자 입장이기 때문에, 집에 들어갔을 때 나를 맞이해주는 사람이 있다는 게 가장 좋아요. 쉐어하우스를 시작하면서 수익을 얻게 된 것도 기쁘지만, 이렇게 좋은 사람들과 만나게 된 것이 더 기쁩니다. 그린하우스 입주자들은 이제 서로 친한 사이가 되어 언니, 동생으로 챙겨주며 살고 있어요. 덕분에 그저 여럿이 모여사는 공간이 아니라 진짜 보금자리로 느껴집니다."

그린 하우스 님은 현재 서울대입구역 인근에 2호점을 오픈했으며, 내년까지 4호점을 오픈하는 것이 목표입니다. 그리고 신규로 오픈하는 모든 집에서 일정 기간을 같이 생활하며 입주자들의 의견을 듣고 소통할 계획입니다. 우리가 알고 있는 '블라인드 쇼퍼'와는 조금 다른 방식이지만, 분명 입주자들을 이해하기 위한 좋은 방법 중 하나일 것입니다.

소품이나 공간 배치 등에도 관심이 많아서 향후에는 좀 더 전문적인 지식을 쌓아서 공간에 대한 전문가가 되는 것이 꿈이며, 조만간 해외에도 나가서 각각의 주거 환경에 대해 살펴볼 계획도 가지고 있습니다.

끝으로, 그린하우스 님이 입주자 입장에서 쓴 후기를 공유합니다.

> 쉐어하우스에서 살아 보니, 누군가 맞이해줄 사람이 있다는 것은 즐거운 일이었습니다. 각자의 방에 살면서 공유 공간만 공유하는 것이라 생활은 전혀 불편

하지 않았습니다. 화장실 사용은 불편하지 않은지, 사용 시간이 겹치지 않는지 궁금해하는 분들이 많은데, 씻는 데 한 시간씩 걸리는 분들은 힘들 수 있으나 적당한 시간을 소요한다면 문제가 없다고 생각합니다. 음식을 해서 서로 나눠 먹고, 저녁에는 퇴근 후 맥주도 한 잔 하며 소소한 이야기를 하다가 잠이 듭니다. 연애 이야기, 학교 이야기, 친구 이야기 등으로 수다를 떨다 보면 어느새 새벽 2시였던 적도 있습니다. 직장 생활이다 학교 생활이다 해서 다들 집에 머무는 시간은 짧지만 함께하는 시간이 아깝지 않습니다. 생활에 필요한 모든 물품을 제공하기에 거주하는 데 있어 편리성 또한 보장합니다. 운영자로서뿐 아니라 입주자로서도 너무나 만족하면서 살고 있습니다!

그린 쉐어하우스의 근황

장소 서울대입구역 인근 2개 하우스(입주자 전원이 인근 대학의 학생들임)
여성 전용

주택 형태 중소형 빌라(쓰리룸)

가격 책정 1인실 40만 원, 2인실 36만 원

기타 1호점의 경우, 본인이 직접 거주하며, 월 112만 원의 사용료를 받고 있음

CHAPTER 6

쉐어하우스, 삶의 가치를 향유하는 공간이 되다

서울 바운드쉐어

바운드쉐어를 운영하는 윤주희 님은 공간 디자인을 전공 후 브랜드 회사의 디자인팀에서 주거 및 호텔, 리테일 공간 등의 공간 전문 기획 업무를 담당했던 디자이너였습니다. 브랜드 회사에서 기존의 브랜드 정책과 가이드를 통해 공간을 기획하고 운영해 본 경험으로 '이제는 디자인에 국한된 업무가 아닌, 나만의 디자인이 반영된 브랜드를 만들고 싶다'고 생각해왔다고 합니다. 결혼과 출산이라는 삶의 쉼표를 통해 그간 경험해온 업무에 대한 전문성을 잠시 내려놓았는데 부동산과 경제, 사회적 이슈 등에 관심을 두게 되면서 공유 문화를 긍정적으로 인식하게 되었습니다. 앞으로 공유 경제 시장이 사회적으로 성장할

바운드쉐어

지역 서울

운영방식 특화된 디자인 요소로 차별화, 망원동 인근 2개 지점 운영

홈페이지 boundshare.com

가능성이 높다고 판단하던 중, 진행하던 업무의 연장선으로 공간 공유 사업, 그 가운데서도 쉐어하우스 사업에 큰 관심을 가지게 되었습니다. 리스크 없이 최소한의 자본으로 시작할 수 있는 점, 안정적인 수익률을 얻을 수 있다는 점에 매력을 느끼고는 관련 서적을 읽고, 필자의 강의도 수강했습니다.

제가 윤주희 님에게 왜 쉐어하우스를 하게 되었냐고 물었는데, 답변이 인상적이었습니다.

“경제적 기반이 부족한 2030 세대들이 집을 구할 때 가장 부담이 되는 것 중 하나가 목돈이 필요한 보증금이죠. 쉐어하우스는 보증금이 저렴하고 꼭 1년 이상 살지 않아도 되는 것이 기존의 전월세와 차별점인데 아직까지 공급이 수요를 따라가지 못하고 있는 것이 기존 전월세 중심의 임대시장에서 사업의 잠재력으로 보였습니다. 특히 수도권 쉐어하우스 시장은 공급이 많아지고는 있지만, 수요도 그만큼 커지고 있기에 가능성이 크다고 판단되었습니다.

부모님과 함께 살 때도, 독립해서 원룸에서 살면서도 누구나 차별화된 나만의 공간에서 마음 편하게 살고 싶은 로망이 있죠. 저 또한 그랬습니다. 2030세대를 위한 감성적인 브랜딩이 된 쉐어하우스 브랜드를 만들고 차별화된 공간 제공과 섬세한 운영 서비스가 더해진다면 성장 중인 쉐어하우스 시장에서도 장기적으로 살아남을 수 있으리라 판단했습니다."

윤주희 님은 그저 부업 삼아 쉐어하우스를 시작한 것이 아니었습니다. 쉐어하우스를 통해 자신만의 브랜드를 구축하겠다는 목표가 있었는데, 과거의 경력과 현재의 의지 등을 볼 때 충분히 성공할 것 같다는 생각이 들었습니다.

쉐어하우스를 브랜딩 하다

윤주희 님은 일반적인 개인 운영 쉐어하우스와 달리, 브랜딩을 위해 BI Brand Identity와 로고를 제작했습니다. 바운드쉐어의 BI는 공유 공간을 이용하는 입주자들이 점차 모여 하나가 되어가는 과정을 Me, Meet, We, Together 순으로 형상화하여 디자인했습니다. 또 직접 디자인한 에코백을 제작하여 입주자들에게 제공하기도 했습니다. 인터넷의 기념품 숍에 제작 의뢰하는 형태가 아니라, 직접 디자인한 후 재봉전문업체에 의뢰했고, 라벨까지 직접 발로 뛰며 만들었습니다. 혹자는 '흔한 에코백이 뭐 대수라

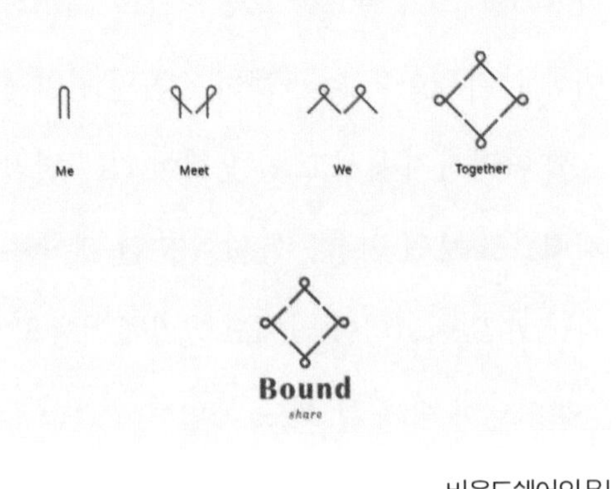

바운드쉐어의 BI

입주자들을 위해 자체 제작한 에코백

고?' 생각할지 모릅니다. 그러나 윤주희 님은 공유 주거의 정체성이 담긴 소품을 입주자들이 동네에서 부담 없이 들고 다니는 것만으로도 의미가 있다고 생각했고, 입주자들의 반응도 상당히 좋았습니다.

현재 운영하는 바운드쉐어 1, 2호점은 모두 마포구 망원동에 위치하고 있는데, 앞으로는 지역의 상점들과 커뮤니티를 구성할 계획도 가지고 있습니다. 특히 1인 가구가 필요로 하는 즐길 수 있는 문화 중심으로 연계해 나가려 하며, 지역과의 소통 의지가 있는 상점과 더불어 재미있는 이벤트도 준비 중입니다.

살고 싶은 동네, 경험하고 싶은 동네를 찾아라

윤주희 님은 처음 집을 구할 때 많은 고민을 했습니다. 역세권이나 학교 인근의 집을 구하는 것도 방법이겠지만, 조금은 감성적으로 접근하고 싶었기 때문입니다. 입주자들이 보다 다양한 경험을 해볼 수 있는 곳이 주변에 있는지, 지친 마음을 달래줄 자연이 접한 곳인지, 어디에서도 맛보지 못했던 맛있는 한 끼 식사를 할 수 있는 곳이 있는지 등등이 집을 찾는 조건이었습니다.

망원동은 한강이 있어서 운동하기 좋고, 맛집이 많은 데다 저렴한 동네 시장이 있어서 적합한 동네라고 생각했습니다. 집은 전대차로 얻어야 했기에 보증금이 높은 신축보다는 구옥을 위주로 검토했고, 대로변이 아니라서 시끄럽지 않되 인적이 드물지 않은 곳으로 집을 구했습니다.

최적화된 공간 설계와 세련된 홈 스타일링

현재 바운드쉐어 1, 2호점은 모두 50평 대의 크기이며, 인원 구성은 각각 7명씩입니다.

조금 인원이 많은 것 아닌가 하는 분도 있겠으나 원룸의 실평수가 5~7평임을 고려할 때 7명이면 실평수 35평 정도도 문제없습니다. 50평 집이면 원룸보

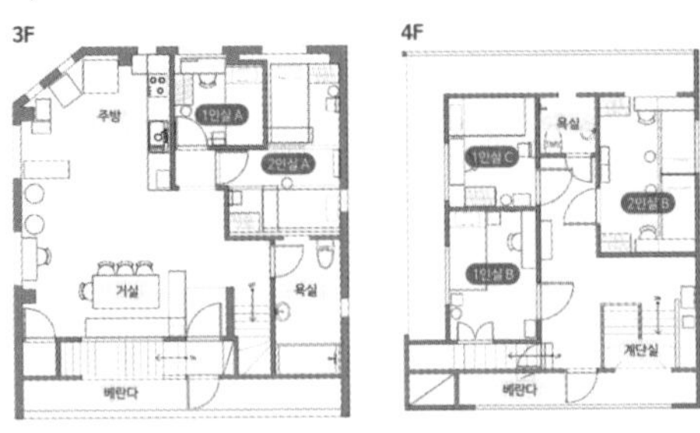

1호점과 2호점 평면도

다 편안하게 생활이 가능합니다.

윤주희 님도 처음에는 프라이버시를 위한 1인실 위주의 구성을 고민했으나, 우연히 기업형 쉐어하우스의 1인실로만 구성된 하우스에서 생활하는 분을 만난 이후 생각이 바뀌었습니다. 막상 생활해보니 복도형에 1인실로만 구성되어 자연스러운 커뮤니티 형성이 어려웠고 지내면서 외로웠다는 이야기를 듣게 된 것입니다. 그 후 적절한 커뮤니티 형성을 위해서는 다인실 구성도 어느 정도 필요하리라 생각하게 됐습니다.

그 결과 1호점은 1인실 2개, 2인실 1개, 3인실 1개로 구성했으며, 2호점은 1인실 3개, 2인실 2개로 구성했습니다. 다인실의 경우 단순히 침대만 많이 넣어 구성하는 것이 아니라 커튼, 자체 제작한 천 가림막, 필요한 경우에는 가벽을 세워서 최소한의 프라이버시를 보장하도록 공간 설계를 했습니다.

또한 20~30대 여성들이 한 번쯤 지내고 싶을 만한 감성이 묻어나는 집을 콘

KINFOLK
STORAGE

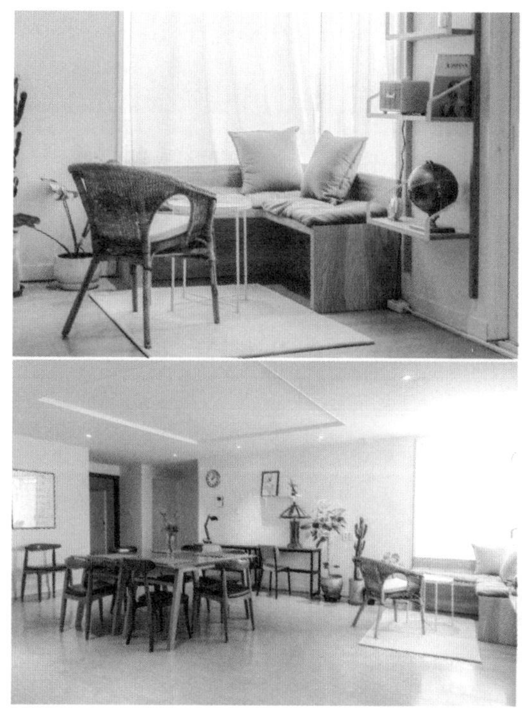

바운드쉐어의 공용공간들

셉트로 홈 스타일링을 진행했습니다. 입주자 페르소나를 설정하여 공용공간인 주방과 거실에서 일어날 수 있는 입주자들의 여러 행위들을 섬세하게 예측하고 동선 및 가구를 배치했습니다. 그리고 소품을 통한 스타일링으로 행위가 실제로 이뤄지도록 풀어냈습니다.

바운드쉐어의 공용공간은 음악도 듣고 커피도 마시며, 가벼운 대화와 식사도 할 수 있는 그야말로 여러 가지 기능과 감성이 충족된 공간입니다.

가구와 가전 등은 임대용 부동산이다 보니 너무 비싼 가구나 물품을 반입하면 사용하는 입장이나 운영하는 처지 모두 관리하기 어려울 수 있다는 생각에 적정한 가격 선에서 기준을 잡아 구매했습니다. 공간이 협소한 경우에는 제작 가구로 맞추기도 하고 도장이 필요한 경우 직접 하기도 했습니다. 필요에 따라 구하기 힘든 빈티지 제품의 경우 평상시 수집해 둔 물품을 사용했습니다.

시공은 입주 전 사전 실측을 하여 도면을 제작하고 공사 일정과 예산을 잡아 본 후 기준 예산에 맞추어 직접 시공할 수 있는 것은 시공하고, 그 외는 직접 업체를 선정해 공사를 진행했습니다.

바운드쉐어 1호점의 리모델링 및 기본 설비

비용

리모델링 1,100만 원 + 가전, 가구 및 기타물품 1,500만 원

내역

❶ 리모델링 : 철거 및 전기공사, 목공공사, 도장공사, 필름 공사, 화장실 수리, 조명 교체, 도배, 싱크대 부분 수리, 인터폰 교체, 방문 손잡이 교체 등

❷ 가전 : 냉장고, 세탁기, 전기 밥솥, 전자레인지, 청소기, 개별 에어컨, 가스렌지 등

❸ 기타 물품 : 공용공간 벤치, 의자, 식탁, 조명, 개별 침대, 옷장, 책상, 의자, 조명, 빨래 보관함, 개별 선풍기 등

호텔급 어메니티, 매주 아침 빵을 제공하는 쉐어하우스

윤주희 님은 공간 디자인에 많은 신경을 쓰는 한편, 입주자들과의 소통과 관

련해서도 고민이 컸다고 합니다.

"너무 많은 의견을 내게 되면 운영자가 참견하는 것 같고, 그렇다고 너무 신경을 안 쓰면 운영에 대한 불만이나 입주자들 사이에 소통이 안 되어 불화가 생길 수도 있다고 생각했습니다."

고민의 결과, 일주일에 한 번 방문하는 점검 및 공용공간 클리닝 서비스에서 방법을 찾았습니다. 일주일에 한 번 지정된 날에 1, 2호점을 방문하여 부족한 소모품이나 비품을 관리합니다. 그리고 매주 주말 아침을 여유롭게 시작하도록 망원동 지역의 베이커리 매장에서 매일 아침 구워 내는 빵을 입주자들에게 제공하고 있습니다.

방문할 때마다 만나는 입주자들과 함께 가끔 차도 한 잔 하고 여러 가지 사소한 일상의 이야기를 나누는 것이 익숙해지다 보니 어느 정도 고객의 삶을 이해하게 되었습니다. 고객이 원하는 것이 무엇인지 고민하게 되는 계기가 되는 것 같아 당분간은 계속 일주일에 한 번 방문할 계획이라고 합니다. 방문 후 진행 완료된 사항이나 당부의 말은 단체 채팅방에서 전하고 있습니다.

또한, 입주자들에게 작은 감동을 주고 바운드쉐어가 추구하는 가치를 좀 더 명확하게 전달하기 위해 에코백 외에 공유 주거 생활

라이프 스타일을 빌려주는 공간

세계 최대의 쉐어하우스인 런던의 올드오크는 개인 공간은 협소한 반면, 넓고 다양한 공용 공간에서 다양한 경험을 제공합니다. 예를 들어 도서관, 헬스장, 극장, 커뮤니티 라운지 등이 모두 쉐어하우스 내에 존재하며 서비스됩니다. 올드오크의 매니저는 "이곳은 집이 아니라 라이프 스타일을 빌려주는 곳"이라고 했는데, 윤주희 님이 그리는 쉐어하우스의 큰 그림 또한 같은 맥락이라고 생각됩니다.

에 필요한 어매니티들로 구성된 웰컴킷welcome kits을 자체 제작해서 제공하고 있습니다. 집안에는 잡지와 책을 비치하고, 액자도 정기적으로 교환하여 공유 주거와 함께 문화 및 예술적인 가치를 향유하는 생활이 가능하도록 노력하고 있습니다.

가치를 높이면 고객은 자연히 따라온다

윤주희 님의 쉐어하우스를 직접 보면서, 감성적인 요소와 시각적인 아름다움, 그리고, 입주자들에 대한 배려 및 소통을 통해 정말 입주자들이 살고 싶은 쉐어하우스를 만들고 있음을 느꼈습니다.

쉐어하우스는 단순히 공간만 제공하는 것이 아니라 주거 서비스를 제공하는 것입니다. 그러므로 입주자들이 원하는 것이 무엇이며, 입주자들에게 가치 있는 것이 무엇인지 고민하고 이를 제공하는 것이야 말로 가장 중요한 일이 아닐까 생각합니다.

실제로 바운드쉐어에는 항상 입주 대기자가 있을 정도이고, 일단 들어온 입주자들은 계약을 연장하며 이곳에서의 생활을 즐기고 있습니다. 운영자에게 가장 큰 고민이 입주자 모집과 공실률일 텐데, 본질에 충실하다 보니 공실 걱정이 전혀 없게 된 것입니다.

끝으로, 윤주희 님이 쉐어하우스를 운영하며 느낀 점을 전하며 마칩니다.

"공유 주거 브랜드를 운영하며 느낀 점은 디자인과 커뮤니케이션을 통해 고

바운드쉐어의 웰컴킷

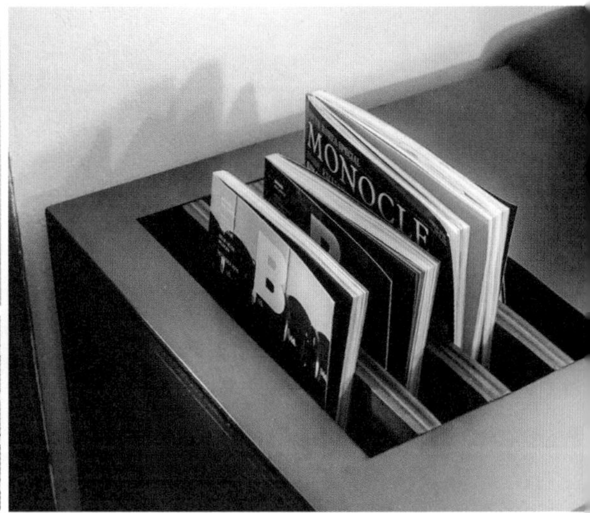

객에게 전달되는 메시지가 주는 강력한 힘이 결국 브랜드를 이끄는 원동력이 된다는 것이었습니다. 잠재 고객과 SNS로 활발하게 소통하다 보니, 입주 예정일이 다소 먼 훗날인 분들도 미리 연락하고 투어를 신청하거나, 입주 대기를 신청하는 일이 종종 생기고 있습니다. 바운드쉐어의 핵심가치와 비전을 알아보신 분들이겠지요? 감사할 따름입니다.

앞으로 부동산업에 국한된 공유 주거 시설 제공만이 아닌 바운드쉐어에서 생활하는 분들의 삶의 가치를 업그레이드 할 수 있는 서비스 제공과 콘텐츠 개발을 통해 공유 문화의 올바른 방향성을 제시하는 기업으로 성장하고자 합니다."

바운드쉐어의 근황

장소 망원동 인근 2개 하우스

(입주자 구성은 직장인 40%, 휴학생 또는 취업 준비생 50%, 외국인 10%)

여성 전용

주택 형태 중대형 빌라(50평대) 및 상가주택(50평대)

가격 책정 1인실 49-56만 원, 2인실 42-45만 원, 3인실 40만 원

기타 1호점의 경우, 월 321만 원의 사용료를 받고 있음

CHAPTER 7

강력한 추진력으로 블루오션을 선점하다

서울 잠자리 쉐어하우스

일단 쉐어하우스를 오픈하고 나면 그 경험에 힘입어 곧장 지점을 내는 분들이 많습니다. 부업 삼아 한 군데를 운영하는 수준에서 한 발 더 나아가 소규모일지라도 여러 지점을 오픈, 관리하는 기업형 쉐어하우스의 대표로 변신하는 것입니다. 지점이 많아질수록 위치 선정 및 시장조사에서 만전을 기하며, 수익 구조를 개선하고 쉐어하우스 오픈 및 관리에 있어 효율을 높이기 위한 노력이 필수적입니다. 이와 관련하여 실전 경험에서 나온 알짜배기 노하우를 공개하겠습니다. 엄청난 추진력으로 빠르게 지점을 확장하여 현재 11곳의 지점을 경영하고 있는 쉐어하우스 사업가 후니가이 님이 그 주인공입니다.

잠자리 쉐어하우스

지역 서울

운영방식 빠른 확장을 통하여 1년 만에 11개 지점 운영 중

홈페이지 blog.naver.com/hooniga2

후니가이 님은 인천의 부동산 관련 회사에 근무 중인 평범한 직장인입니다. 예전에 일본으로 잠시 어학연수를 다녀온 적이 있었는데 그때 살았던 곳이 쉐어하우스였다고 합니다. 원래 성격도 밝고 명랑한 편이라 쉐어하우스에 살면서 정말 다양한 사람들을 사귀었고 함께 여행을 다니기도 했습니다. 이후 일본 쉐어하우스에 거주했던 좋은 경험을 통해 언젠가 기회가 된다면 한국에서 쉐어하우스 운영을 꼭 한번 해보고 싶다고 생각했습니다. 그때만 해도 한국에는 쉐어하우스라는 것이 전무했기 때문에 당장은 시작할 수 없었고, 입주자로서 일본에서 거주했던 경험이 있긴 했으나 운영자의 입장에서는 무엇을 어디서부터 어떻게 준비할지 막막했습니다.

그렇게 한국에 돌아와 직장 생활을 하면서 돈을 모아 투자할 만한 것을 찾던 중 우연히 패스트캠퍼스의 쉐어하우스 창업 강좌인 '천만 원으로 시작하는 부동산 임대사업 캠프'를 알게 되었습니다. 예전부터 관심을 가지고 꼭 한 번은 해보고 싶었던 일이었기에, 망설이지 않고 바로 수강 신청을 하게 되었습니다.

당시 패스트캠퍼스의 쉐어하우스 정규 강좌는 국내 최초의 관련 전문 강좌로, 후니가이 님은 1기 강의 수강생이었기 때문에 남들보다 먼저 쉐어하우스 사업에 대해서 배울 수 있었습니다.

먼저 시장에 진입하는 타임투마켓 전략

사업의 성공 요소에는 여러 가지가 있겠지만, 타임투마켓Time to Market 전략을 통해 해당 시장에 빠르게 진입하여 선점하는 것도 매우 중요합니다. 후니가이 님은 평소 관심을 가지고 있었기에, 새로운 주거 트렌드인 쉐어하우스를 사업의 관점으로 보고 있었고 남들보다 빨리 시작할 수 있었습니다.

더군다나 후니가이 님은 추진력이 강한 분이어서 1기 수강생 중 가장 먼저 쉐어하우스를 오픈했습니다. 수업을 미처 마치기도 전인 3주 차에 이미 지역을 정해 후보 부동산을 알아보았고, 마지막 4주 차에는 부동산 계약을 마치고 수업에 참여했습니다. 4주 강의의 마지막 시간에 종강 파티를 하며 좀 더 많은 이야기를 나누었는데, 의욕이 넘치는 것을 느낄 수 있었습니다.

타임투마켓

시장에서 원하는 제품을 적기에 개발하여 출시하는 것을 뜻합니다. 이를 위해서는 지금이 적절한 때인지 파악하는 마켓 인텔리전스가 필요합니다. 더불어 빠르게 개발할 수 있는 역량이 있어야 합니다. 트렌드를 읽는 혜안과 적절한 시기에 뛰어들 수 있는 용기가 있다면 성공에 다가서는 길이 한 층 가까워질 것입니다.

"실은 강의를 듣기 전부터 한 곳의 쉐어하우스를 시작할 마음을 먹고 있었습니다. 거의 90퍼센트 이상 결정해 놓은 상태에서 수

잠자리쉐어하우스 1호점

강을 신청한 것이었죠. 그래서인지 비교적 빠르게 결정 내리고 남들보다 먼저 움직일 수 있었습니다."

너무 서두르는 게 아닌가 하는 걱정도 되긴 했지만, 워낙 진취적인 성격이라서 일단 시작하면 빠른 속도로 잘 해낼 것이란 생각이 들었습니다.

후니가이 님이 선정한 지역은 수업 시간에 들었던 1인 가구 최대의 밀집 지역인 신림 및 서울대입구역 인근이었습니다. 이후 해당 지역을 다방과 직방 등의 앱을 통해 알아보았고, 열심히 발품을 판 끝에 신축 쓰리룸 다가구 주택의 주인 세대를 얻을 수 있었습니다.

새집이기 때문에 가격은 인근의 집들에 비해서 조금 비쌌으나, 공실의 위험과 인테리어 등의 부담을 덜기 위해 일부러 수익률을 작게 잡고 깨끗한 새집을 선택했습니다. 또 대부분 여성 전용 하우스로 오픈하는 것을 보고, 역으로 남성 전용 하우스를 오픈했습니다.

물론 조급함이 전혀 없었던 건 아닙니다. 월세 내는 날짜가 금방 돌아오는 게 두렵다며 필자에게 연락을 해오기도 했습니다. 그러나 집 상태나 위치, 가격 등을 보니 별다른 문제가 없을 것 같은 생각이 들었기에 프로모션이나 홍보 방법 등에 대해서만 간략히 조언해드렸습니다. 이후 3주가 지나 만실이 되었다는 기분 좋은 문자를 받을 수 있었습니다.

빠른 속도로 지점을 확장하게 된 계기

1호점을 오픈한 이후 생각보다 많은 입주 희망자들의 문의를 받았습니다. 남성 전용임에도 불구하고 여성들의 연락도 많았는데, 이렇다 보니 자연히 지점 확대에 대한 욕심이 생기기 시작했습니다.

그러던 중 우연히 네 명이 함께 살 쉐어하우스를 구한다는 분의 이야기를 듣게 되었습니다. 사연을 들어 보니, 현재 다른 쉐어하우스에 거주 중인데 해당 하우스가 사정상 운영을 종료하게 되어 계속해서 같이 살 집을 찾는 것이었습니다. 1호점이 만실이 된 직후 한 곳의 쉐어하우스를 더 오픈할까 고민하던 때였기에, 내친김에 그분들에게 다음과 같이 제안했습니다.

"지금은 빈 방이 없으니, 제가 쉐어하우스를 하나 만들어드리면 어떨까요?"

그분들은 반색했으나 실제로 어떠한 상태의 집에서 시설은 어떻게 할 것이며, 월세는 얼마일지 등 분명치 않은 부분이 있었습니다. 이에 후니가이 넘은 1호점 오픈의 경험을 살려 집을 구하는 방식과 대략적인 오픈 날짜를 잡고, 시설은 1호점에 구비된 것과 동급이거나 그보다 좋은 제품을 준비하겠다는 내용의 간략한 자료를 만들어 보냈습니다. 그분들도 동의하여 맞춤형 쉐어하우스 형태로 2호점 오픈을 준비하게 되었습니다.

일단 4명의 입주자를 확보한 상태에서 오픈 준비를 하려니 마음이 든든했지만, 문제는 그분들이 당시 거주 중인 쉐어하우스의 가격이 생각보다 저렴했다는 것이었습니다. 그 가격에서 수익을 낼 만한 집을 구하기가 쉽지 않았던 것입니다. 지성이면 감천이라고, 퇴근 후 늦은 시간까지 발품을 팔던 중 결국 원하던 집을 구할 수 있었습니다.

이렇게 하여 얻은 2호점은 신림역 도보 8분 거리에 위치한 방 3개 구조의 빌라였고, 보증금 1,000만 원에 월세는 100만 원관리비 포함이었습니다. 보증금이 적어서 투자비가 예상보다 적게 드는 데다, 새 집은 아니더라도 부분 수리 정도로 정비가 가능하리란 판단에 계약했습니다.

가장 비용이 많이 드는 화장실의 경우, 바닥 타일과 수납장, 거울이 촌스러웠고 변기 커버도 상태가 좋지 않았습니다. 다행히도 바닥과 변기는 집주인이 새

2호점 화장실 비포 & 애프터

타일과 새 변기로 교체해주는 것으로 협의했고, 나머지 설비인 거울 수납장과 거울, 샤워 커튼 등 정도만 교체하고 마무리했습니다. 이외에도 주방의 경우 오래된 선반들은 철거하고 주방 타일에는 따뜻한 느낌의 연베이지 컬러의 타일 시트지를 붙였고, 아기자기한 주방 소품들을 배치했습니다. 쉐어하우스 임대료가 이미 저렴하게 책정된 상태였기에 투자를 많이 할 수 없었고, 적은 비용으로 최대한 깔끔하고 깨끗하게 하는 것을 목표로 했습니다.

요즘은 세련된 쉐어하우스도 많아졌지만, 적정한 금액으로 투자비를 최소화하여 수익률도 어느 정도 나오고, 합리적인 가격으로 입주자들도 만족하는 하우스가 되었습니다.

시장조사와 집 구하기 : 투자 비용을 최소화하라

후니가이 님은 2곳의 쉐어하우스를 오픈하는 과정에서 나름의 노하우를 터득할 수 있었습니다. 2호점의 경우 운 좋게도 입주자 모집은 쉬웠으나, 집이 너무 작고 노후되어 투자비가 들었기에 수익률이 생각보다 좋지 않았습니다. 이 경험을 바탕으로 투자비를 줄이기 위해서는 최대한 직접 수리하거나 집주인이 수리해줄 집을 찾는 것이 중요하다는 결론에 이르렀습니다.

7호점인 구로디지털단지점과 11호점 영등포구청점이 이러한 사례에 속합니다.

앞서도 언급했듯 후니가이 님이 쉐어하우스 사업을 처음 시작한 곳은 관악

구 신림과 서울대입구 인근이었습니다. 그렇다 보니 바로 인근의 구로디지털단지역도 나쁘지 않겠다는 생각이 들었습니다. 대학교 생활권에서 벗어난 지역이라 불안한 마음도 있었지만 구로디지털단지역 인근의 많은 스타트업 회사들로 인해 직장인 수요는 충분하리라 판단했습니다.

"지역을 정한 후 인근 지역의 수요와 공급 현황을 조사해 보았는데 구로디지털단지 인근에는 직장인 수요를 받아줄 1인 가구 주거 서비스 공급이 매우 부족해 보였습니다. 물론 쉐어하우스도 거의 없었습니다. 한번 해볼 만하겠다 싶었죠."

발품을 팔며 알아본 끝에 방 4개에 화장실 3개, 옥탑 테라스까지 사용할 수 있는 그야말로 쉐어하우스 하기에 딱 좋은 집을 찾을 수 있었습니다. 한 가지 고민이 되었던 점은 집이 오래되어 손볼 곳이 많아 보인다는 점이었습니다. 하지만 어마어마한 집의 크기와 화장실 수가 3개라는 점이 마음에 들었기에, 밑

잠자리쉐어하우스 2호점과 7호점

져야 본전이라 생각하고 집주인에게 벽지와 장판 외에도 화장실 등의 수리를 요청했습니다. 집 관리는 자신 있다는 후니가이 님의 설득에 집주인은 대부분의 요청을 받아들여 주었습니다.

문제는 집주인과의 협의에서 빠진 부엌 싱크대와 신발장 등이었습니다. 새로 교체하자니 비용이 너무 많이 들어서 필름 작업을 하기로 했습니다. 인테리어 가게에 의뢰하면 견적이 많이 나오기에 재료는 따로 준비하고 업자에게는 인건비만 지불하여 25만 원이라는 저렴한 금

젊은 지장인 수요가 많은 곳

구로디지털단지에는 많은 IT 회사가 몰려 있습니다. 이러한 IT회사의 특징은 젊은 2030의 직장인들이 많은 것입니다. 여의도와 구로디지털단지에 가보면 직장인들의 연령대를 확실하게 느낄 수 있습니다. 구로디지털단지와 유사한 지역이 경기도에도 있는데, 바로 판교 테크노 밸리입니다. 판교 테크노 밸리에는 2015년 기준으로 7만 1천 명 이상의 근로자가 근무 중이고, 이 중 IT업종이 75% 이상을 차지하고 있습니다. 또한 20~30대 근로자의 비중이 75%를 넘습니다. 쉐어하우스의 타깃 고객과 정확하게 일치하는 지역인 것입니다.

7호점의 싱크대는 필름지 작업으로 비교적 저렴하게 수리했다. 사진은 기존 싱크대(좌)와 필름지 작업 모습(우)

액으로 신발장과 싱크대 등을 깔끔하게 손볼 수 있었습니다. 부엌 싱크대 하부장과 상부장 사이에 있는 타일은 '보닥 타일'이라는 제품을 사용하여 직접 붙였고, 손잡이도 인터넷으로 구매해 직접 달았습니다.

화장실은 조금 상태가 좋지 않았지만, 깨끗하게 청소하고 녹슨 화장실 액세서리들은 스테인리스 녹 제거제를 구매하여 닦은 후 샤워 커튼 등 소품을 넣어 포인트를 주었습니다. 조명은 집주인이 모두 새것으로 교체해줬으나, 제일 저렴한 형광등이라 직접 구매하여 다시 달았습니다.

7호점은 계약 시 입주일을 최대한 늦게 잡고 그전에 최대한 가전 및 가구, 인테리어를 다 끝내어 한 달만에 만실을 만들었습니다. 예상대로 입주자들은 대부분이 인근 관악구 일대의 직장인들이었습니다. 대부분 지방에서 홀로 서울

살이를 하기 위해 온 분들이라 다들 가족처럼 잘 지내고 있다고 합니다.

11호점은 더블역세권인 영등포구청에 위치하여 수요가 많을 거라 판단했습니다. 시장 조사를 하던 중 인터넷에 괜찮은 물건이 하나 있어서 가 보았는데 일단 구조를 보니 방 2개가 크고 하나가 딱 적당한 1인실 사이즈에 공간이 잘 빠져서 5명이 살아도 크게 문제가 없을 것 같았습니다. 또한 역까지의 거리도 도보 3~4분 정도로 굉장히 가까웠고, 임대료도 저렴하여 바로 계약을 진행했습니다. 이 집의 경우 집주인이 올수리를 해주어 기본적인 가전, 가구 및 소품만으로 오픈할 수 있었습니다.

1인실과 2인실 두 자리는 기존에 다른 지점을 문의해온 고객을 연결해 바로 계약했고, 나머지 자리도 금방 계약이 되었습니다. 후니가이 님은 11호점인 영등포구청점 이후부터는 너무 낡고 오래된 집보다는 어느 정도 수리가 되어서 크게 손대지 않아도 되는 집, 그러면서 역세권이고 저렴한 집을 찾기 시작했습니다. 물론 이러한 집을 찾는 것은 힘든 일이지만 꾸준히 알아보고 발품을 팔다 보면 결국 적당한 곳을 만나게 됩니다. 덕분에 빠르게 지점을 늘려나갈 수 있었습니다.

쉐어하우스 오픈과 운영에 재미를 느끼자 속도가 더 붙게 되었습니다. 회사에 재직 중인 직장인이기에 평일 밤에도 일하고 주말마다 쉬지 않고 몇 개월을 보내느라 몸은 힘들었지만, 직장 생활에서는 느낄 수 없는 오너십과 성취감을 얻게 되어 좋았다고 합니다.

잠자리 쉐어하우스 7호점의 리모델링 및 기본 설비

비용

리모델링 400만 원 + 가전, 가구 및 기타물품 600만 원

내역

❶ 리모델링 : 화장실 수리, 조명, 싱크대 필름 작업

❷ 가전 : 냉장고, 세탁기, 전기 밥솥, 청소기, 에어컨, 전자렌지, 가스렌지 등

❸ 기타 물품 : 렌지 후드, 침구 등

운영 시스템 만들기 : 경영 마인드가 필요하다

4호점을 오픈한 이후부터는 직접 모든 일을 다하기보다는 시스템을 구축하여 오픈하고 관리하는 방법을 고민하게 되었습니다. 제가 수업 시간에도 종종 강조하는 것이지만, 1~2곳 정도는 직접 하는 것이 효율적일 수 있으나 지점이 늘어나면 사업가의 관점으로 운영하는 것이 필요합니다. 나 대신 일해줄 사람을 찾아야 하고, 특정 영역에서는 나보다 잘하는 사람을 찾아야 합니다. 예를 들어, 나 대신 집을 보여 줄 사람, 나 대신 광고 해줄 사람, 나 대신 집안 수리를 해줄 사람을 찾아야만 여러 지점을 운영할 수 있습니다.

후니가이 님도 이러한 상황을 몸소 겪으면서 집을 수리하거나 견학시켜줄 사람을 구했고, 그 덕분에 직장을 다니면서도 운영이 가능한 시스템을 구축했습니다. 현재는 11호점까지 오픈했고, 앞으로 20호점까지 확장할 계획을 가지고 있습니다.

잠자리 쉐어하우스는 적당한 품질에 합리적인 가격을 제공하는 '가성비'를 콘셉트로 하고 있습니다. 사실 입주자 입장에서 쉐어하우스를 찾는 가장 큰 이유 중 하나가 가성비이기도 합니다. 이 같은 기본을 잘 지킨 것이 현재 11호점까지 별 다른 문제없이 운영할 수 있었던 비결이라는 생각이 들었습니다.

후니가이 님이 가성비를 콘셉트로 잡은 데는 이유가 있습니다. 직접 서울에서 방을 얻어본 경험이 있었기 때문이었습니다. 가격이 저렴하여 방문해보면 어떻게 이런 곳에 사람이 살 수 있을까 싶은 곳이었고, 이 정도면 괜찮다 싶으면 월세 부담이 매우 컸습니다. 이러한 월세 시세의 갭을 조사하여 적정한 가격을 책정했고, 크게 화려하진 않지만 살기에 적당한 인테리어와 시설로 쉐어하우스를 찾는 입주자들을 만족시킬 수 있었습니다.

"물론 쉐어하우스를 운영하면서 힘든 점이 없었던 것은 아닙니다. 여러 사람을 만나다 보니 황당한 일을 겪기도 했지만 쉐어하우스를 통해 새로운 사업기회를 만든 것은 정말 잘한 일이라고 생각하고 있습니다. 향후에는 쉐어하우스 사업을 단순한 임대사업이 아니라 여러 부가 가치를 지닌 사업으로 진화시키고 싶습니다. 예를 들어 노인들을 위한 쉐어하우스, 기러기 아빠들을 위한 쉐어하우스, 3040 싱글족들을 위한 쉐어하우스, 외국인들과 함께 사는 쉐어하우스 등 다양한 가치를 지닐 수 있는 공간으로 발전시켜 나가는 것이 목표입니다."

끝으로, 후니가이 님은 쉐어하우스를 준비하는 예비 운영자들에게 이런 말을 해주고 싶다고 했습니다.

"생각만으로는 아무 일도 일어나지 않습니다. 지금 바로 시작하세요!"

잠자리 쉐어하우스의 근황

장소 신림, 서울대 입구, 구로디지털 단지 등 11개 하우스

전용 1호점 남성 전용, 2~11호점 여성 전용

주택 형태 중소형 빌라 및 아파트

가격 책정 가성비를 추구하여 인근 시세보다 비싸지 않게 책정

기타 대부분의 지점이 월 평균 200만 원 이상의 사용료를 받고 있음

CHAPTER 8

대형아파트를 쉐어하우스로, 뜻밖의 난관을 해결한 노하우

부산 하루 쉐어하우스

아직까지는 쉐어하우스에 특화되어 설계된 주택 형태는 별로 없기 때문에 일반적인 가정에서 거주하는 주택을 기반으로 쉐어하우스를 운영하는 사례가 대부분입니다.

건축법상으로 주택은 크게 단독주택과 공동주택으로 나뉩니다. 공동주택은 말 그대로 여러 세대가 한 건물에 사는 주택을 말하며 다세대주택, 연립주택, 아파트로 구분할 수 있습니다. 이번 챕터에서는 공동주택, 그중에서도 아파트 쉐어하우스에 대해서 말씀드리고자 합니다.

아파트는 한국에서 가장 선호하는 주택의 형태라 할 수 있습니다. 아파트를

중대형 아파트의 쉐어하우스 변경

중대형 아파트를 소유하고 있다면 전세 계약이 만료되는 시점에 쉐어하우소 변경하는 것을 검토할 만합니다. 또한 임차하여 쉐어하우스로 운영하는 것도 방법입니다. 중대형 아파트는 월세로 들어올 임대자를 찾기 어렵습니다. 평수가 큰 만큼 비용 부담이 상당하기 때문입니다. 그러나 쉐어하우스를 운영하는 입장에서는 이를 역으로 이용해 오히려 원하는 집을 쉽게 빌릴 수 있기도 합니다. 또한 입주 희망자들 사이에서 중대형 아파트에 대한 선호가 상당하기에, 입주자를 구하기도 쉽습니다.

좋아하는 데는 여러 가지 이유가 있겠지만 대표적으로 좋은 위치, 보안이 좋고 안전한 점, 공동 커뮤니티 시설 등을 들 수 있습니다. 그래서인지 입주자들도 일반적인 다가구나 다세대주택, 즉 빌라 쉐어하우스보다는 아파트 쉐어하우스를 선호하는 경우가 많습니다.

지역에 따라 다르긴 하지만, 최근에는 중소형 평형의 아파트에 비해 대형 평형대의 아파트는 매매나 임대 모두 잘 되지 않는 경향이 있습니다. 이러한 점을 이용하여 대형 아파트를 쉐어하우스로 임대함으로써 그 가치를 높이기도 합니다. 실제로 쉐어플러스에 등록된 집의 형태를 보면 아파트가 약 30% 이상을 차지하는데, 이중 반 이상이 중대형 아파트로 파악되고 있습니다.

그러나 공동주택의 경우, 다른 세대 아파트 입주자들의 민원을 고려해야 합니다. 특히 지역이 부촌이거나 대형 아파트라면 입주자들의 프라이드가 높고, 오랫동안 한 곳에 거주한 이웃도 많아 더욱 주의를 기울일 필요가 있습니다. 실제 서울 강남의 어떤 아파트는 주민들이 쉐어하우스를 금지한다고 하여, 운영자와 갈등을 빚은 사례가 뉴스에 보도되기도 했습니다.

최근 들어 쉐어하우스가 많이 보편화되었다고는 해도, 부모 세대에게는 익

하루 쉐어하우스

지역 부산

운영방식 매매와 임대에 어려움을 겪던 대형 평수 아파트를 쉐어하우스로 운영

숙하지 않은 경우가 대다수입니다. 쉐어하우스란 말은 들어봤어도 정확히 무엇인지 잘 알지 못하는 분도 많습니다. 더군다나 이러한 쉐어하우스를 숙박업과 착각하여, 아파트 단지의 이미지가 안 좋아져서 집값이 떨어지게 된다고 생각하기도 합니다.

현행법상 쉐어하우스는 숙박업이 아닌 주택임대사업입니다. 따라서 공동주택에서 이를 막을 근거 등은 없다고 할 수 있습니다. 하지만 다양한 사람들이 어울려 살아가는 공동주택에서 민원 등이 발생하면 상당히 피곤한 일이 생길 수 있습니다. 법을 어기지 않는다고 해서 문제가 없어지지는 않습니다. 이와 관련한 실제 사례를 통해 어떠한 문제가 있었고, 이를 어떻게 극복했는지 알아보겠습니다.

이웃 주민의 민원에 부딪히다

하루 님은 활기가 넘치는 50대 주부님입니다. 부산에 대형 아파트를 소유하

고 있는데, 매매나 임대 모두 여의치 않아 고민하던 중 쉐어하우스를 알게 되었습니다. 《나는 집 없이도 월세 받는다》를 읽고 나서는 더욱 쉐어하우스의 매력에 빠져 들었고 소유하고 있는 대형 평수의 아파트를 나누고 쪼개어 쉐어하우스로 임대하면 괜찮겠다는 생각을 했습니다.

또한 하루 님은 일본어를 전공하여 종종 일본 드라마를 즐겨 보았는데, '쉐어하우스의 연인'이라는 작품을 통해 이를 재미있는 사업이라고 인지하게 되었습니다. 그러던 중 한국에서도 이러한 사업이 가능함을 알게 된 것입니다.

하루 님의 아파트는 50평대로 대단지 아파트에 몇 세대 없는 평형이었습니다. 인근에 대형병원이 위치하여 수련의 등을 하는 학생들의 수요도 있어 보였고, 역에서 5분 이내 거리로 매우 가까웠기 때문에 일반 직장인들에게도 괜찮은 위치였습니다. 다만 오래된 아파트라서 전체 리모델링을 하기로 했고, 인테리어 공사 계약을 하고 드디어 공사를 시작되게 되었습니다.

그런데 인테리어 공사를 시작하고 며칠이 지났을 때였습니다. 관리사무소로부터 전화를 한 통 받았는데 쉐어하우스를 하려면 입주민 동의가 필요하다는 것이었습니다. 해당 동에 거주하는 어느 입주민이 관리사무소에 민원을 넣었던 것입니다. 관리 소장은 관리 규약 상 놀이방, 공부방, 합숙소 같은 시설을 하려면 해당 동 입주자의 과반수 동의를 받아야 한다고 주장했습니다. 하루 님은 '쉐어하우스는 관리 규약에 있는 항목에 해당하지 않는다'고 대응했으며 끝까지 공사를 마쳤습니다.

이후 입주자 모집을 어디다 어떻게 해야 할지 몰라 어려움도 겪었지만, '쉐어하우스의 모든 것' 카페에서 도움을 받고 인근의 공인중개사 사무소를 섭외하여 만실을 앞두고 있을 때였습니다. 관리사무소에서 다시 연락이 왔습니다. 공사 시 민원을 제기했던 입주민이 다시 관리사무소에 민원을 넣은 것이었습니다. 관리사무소장은 "아무래도 입주자의 동의를 받으셔야겠습니다. 동의를 받지 못하면 쉐어하우스를 운영할 수 없습니다"라며 경고해왔습니다.

하루 님은 법적으로 하자가 없음을 알고 있었기에 굳이 대응을 하지 않을까 고민도 했다고 합니다. 그러나 주민들끼리 언성을 높이는 일이 생길까 봐 동의서를 받기로 결심했습니다. 과반수의 동의를 얻어야 했으므로 총 38세대 중 20세대의 동의가 필요했습니다.

"처음에는 바로 동의서를 출력해 가가호호 방문할까 했어요. 그런데 생각해보니 대형 평수에 거주하는 분들이 대부분 연령대가 높아서 쉐어하우스를 잘 모르실 것 같았습니다. 일단 쉐어하우스가 무엇인지 이해시키기 위해 동의서를 받기 전에 쉐어하우스에 대한 상세한 설명을 출력하여 38세대의 문 앞에 두고 왔습니다. 우편함에 넣을 수도 있었지만, 혹시나 안보는 사람도 있을 것 같아 맨 위층부터 신문배달하듯이 하나씩 현관문에 넣어 두었습니다."

민원을 넣은 입주민이 다른 주민들에게 동의서를 써주면 안 된다고 대놓고 이야기하며 선동하기도 했으나, 하루 님이 사전에 쉐어하우스에 대해 설명하고 2차로 동의서를 직접 가지고 가서 구두로 자세히 설명하며 설득한 끝에 찬성 20표를 얻을 수 있었습니다. 이러한 과정에서 스트레스가 상당했으나 동시에 성취했다는 뿌듯한 마음도 들었다고 합니다. 동의서를 받은 이후에는 입주민들에게 감사의 선물을 돌리고 간략한 입장 및 설명문도 배포했습니다.

아래의 글은 동의서를 받은 후에 해당 주민들에게 돌린 문서입니다.

먼저 공동주택에서 타인에 의한 생활의 간섭을 받지 않고 조용히 살기를 바라는 많은 입주민 여러분께 이번 저희 집 문제로 소란을 일으킨 점, 이 지면을 빌어 사과 말씀 드립니다. 이번 소동에 대해 의아해하시고 저의 행동에 심기가 불편하실 수 있는 이웃주민 분께 이번 사건의 경위와 동의서 찬반 여부 결과에 대해 보고 드리고자 합니다.

저희는 올해 3월 인테리어를 하는 과정에서 입주민 사이에 '쉐어하우스를 한다'는 민원이 들어왔다며, 관리실에서 주민들의 과반수 동의'를 받으라는 독촉을 받았습니다.

관리소장으로부터 아파트 관리 규약을 복사한 '관리 규약 6항 : 전용부분을 놀이방, 합숙소 및 공부방으로 사용하고자 하는 행위는 해당 동 또는 당 층의 입주자동의서가 있어야 한다'는 내용을 전달 받고 주변에 알아보니 저희는 해당 약관에 속하지 않는다는 법적 해석을 받아 별 다른 소명 없이 넘어가게 된 것입니다. 하지만 입주민들과의 불화를 방지하기 위해, 모두 과반수 찬성의사를 확인하여 소명 자료를 관리실에 제출하게 되었습니다. …**중략**…

50대 이후가 되자 제 일을 하고 싶었고 그러던 중 뭔가 보람과 가치가 있는 일이 없을까 하다가 제가 아이를 대학 보내면서 겪었던 주거 문제를 떠올렸고 몇 년 전부터 알고 있던 '쉐어하우스'를 하게 되었습니다. 오랜 세월 전업 주부로 살아 온 내 자신의 능력과 일에 대한 성취욕을 느껴보고자 시작한 일입니다. 젊은이와 함께하면 외롭지 않은데다 내가 해줄 수 있는 무언가가 생긴 것이 좋았습니다. …**중략**…

제 동의서에 동의를 해주시지 않은 분들의 생각과 가치관 등을 존중합니다. 그리고 민원을 제기해주신 여러분께 제가 먼저 다가가 사전에 상세히 설명드리고 이해를 구했어야 했는데 이를 미처 생각하지 못한 점 죄송하게 생각합니다. 앞으로 더욱 소통하는 이웃이 되도록 노력하겠습니다. 그동안 본의 아니게 여러분의 심기를 어지럽힌 점 또한 사과드립니다. 이번 일을 계기로 더욱 타인의 입장을 생각하는 사람이 되도록 노력하겠습니다. 혹 저희로 인해 불편하신 주민이 계시다면 깊이 죄송하다는 말씀을 올립니다.

주민들의 궁금증과 불안을 적극적으로 해소하라

하루 님은 앞선 문서에서 입주민들이 궁금해할 만한 사항을 소상히 설명했습니다. 중대형 아파트 단지에서 쉐어하우스를 운영할 경우 하루 님과 비슷한 상황을 겪을 수 있는데, 이때 이웃을 설득시키기 위해서는 그들이 불안해하거나 의문점을 가지는 부분을 문서 자료나 설명회 등을 통해 적극적으로 해소해줄 필요가 있습니다. 앞으로 유사한 상황을 겪을 독자분들을 위하여 하루 님이 당시 만들었던 자료를 가공하여 공개합니다.

•• 궁금증 1 : 쉐어하우스는 불법이 아닌가요?

답변 쉐어란 공유하다, 나눈다는 뜻으로 한 사람이 아닌 여러 명에게 월세를 받는 임대업입니다. 이렇듯 내 집에 내가 세 놓는 것이므로 불법이 아닙니다.

•• 궁금증 2 : 여러 사람이 함께 살면 엘리베이터 이용이 불편할 것 같아요. 입주자들이 엘리베이터 사용 시간을 정해놓고 사용하도록 할 수는 없을까요?

답변 저희는 최대 인원이 8명입니다. 공실을 감안해도 대가족이 사는 수준의 인원으로 결코 많은 숫자는 아닙니다. 게다가 입주 학생 거의가 학과 수업, 과제가 빠듯한 학생들로, 등하교 시간 이외에는 집에 머무르는 시간이 대부분이라고 합니다. 그럼에도 엘리베이터가 유독 탑층에 많이 멈춰있는 듯 보이는 이유는 택배기사, 청소, 전단지 붙이는 분 등등이 탑층부터 작업을 시작하는 경우가 많기 때문입니다. 이에 이용 빈도수가 많게 느껴지는 것입니다. (며칠 동안 전 세대 엘리베이터 사용량을 지켜본 제 소견입니다.) 저희 학생들이 출퇴근 시간 한꺼번에 이용했을 수도 있으나, 출퇴근 시간에 엘리베이터가 번잡한 것은 어느 아파트에서나 볼 수 있는 풍경입니다.

•• 궁금증 3 : 여학생들이 많이 살면 남자친구들이 찾아오지 않을까요? 그 외에도 외부인 출입이 잦을 것 같아 불안합니다.

답변 이미 첨부 자료를 드린 것처럼 저희는 엄격하게 관리 규약을 정하여 생활하고 있습니다. 입주 학생들과의 단체 메신저방에서도 몇 번이나 강조한 바, 타인에게 피해를 입힐 시 퇴실하기로 한 규정을 정해두었습니다. 하지만 입주 학생들 모두 성인으로 일일이 간섭하고 통제할 수는 없습니다. 그들만의 문화와 사고방식이 있기 때문입니다. (설령 내 자식이라도 내 맘대로 안 된다는 게 세상 이치입니다.)

•• 궁금증 4 : 여러 사람이 모여 사니 떠들거나 소란스러워 이웃에 피해를 주지 않을까요?

답변 저희 집에 있는 학생들은 대부분 인근 대학에 다니고 있습니다. (그중 한 명은 휴학생으로 편의점 아르바이트로 인해 출퇴근이 늦습니다.) 자녀나 손자가 있다면 아시겠지만 요즘 젊은이들은 한 공간에 있어도 개별적으로 지냅니다. 따로 공부한다든가 핸드폰 등으로 조용히 동영상을 보는 일이 많습니다. 만약 소란스럽다던가 민원이 발생할 만한 일이 생겼다면 가까운 이웃으로부터 항의를 받았겠지만 아직 그런 사례는 없었습니다.

•• 궁금증 5 : 옷차림이 야해서 민망한데 규제할 수 없나요?

답변 요즘은 어린 초등생도 화장을 하며 개성껏 의상을 연출하는 시대입니다. 하물며 대학생에게 옷차림까지 강요할 수는 없습니다.

•• 궁금증 6 : 집주인이 거주하지 않으면서 어떻게 관리를 한다는 것인지?

답변 저희 집은 입주 학생 스스로가 개인 영역을 관리합니다. 가끔 저 또는 도우미가 와서 공유 공간 등의 상태를 확인하며 쓰레기 버리기와 청소 등을 하고 있습니다.

•• 궁금증 7 : 주차공간이 모자랄까 봐 걱정됩니다.

답변 현재 입주 학생 중 자기 차량 소유자는 없습니다.

•• 궁금증 8 : 청결과 안전 상태는 괜찮나요?

답변 저희 집은 실내 정리 정돈이 잘 되어 있으며 혹시 모를 화재에 대비해 소화전까지 비치해두어 안전을 우선으로 하고 있습니다.

하루 님은 현재도 옆의 사진 속의 예쁜 쉐어하우스를 운영 중입니다. 소소한 어려움을 겪기도 했지만, 하나의 과정으로 생각하며 꿈꾸던 쉐어하우스를 만들어나가고 있습니다.

CHAPTER 9

프로 공인중개사, 쉐어하우스 개발로 사업영역을 확대하다

서울 큐브하우스

최군 님은 현재 강남에서 공인중개사무소를 운영 중인 공인중개사입니다. 예전에는 일반적인 매매나 전세 등의 일반 중개 업무를 주로 했으나, 경쟁이 치열해짐에 따라 새로운 사업 영역을 확대하기 위해 최근에는 주로 노후주택을 매입하고 개발하여 임대 관리하는 업무를 하고 있습니다.

최군 님을 처음 만난 곳은 코엑스에서 있었던 공유 부동산 콘퍼런스에서였는데, 콘퍼런스를 통해 현재 진행 중인 주택 개발 사업과 쉐어하우스를 접목한다면 시너지가 클 것으로 판단했다고 합니다. 이후 필자의 정규강의까지 수강하며 확신을 키워나갔습니다.

큐브하우스

지역 서울

운영방식 노후주택 매입 후 재건축하여 근린생활시설 및 쉐어하우스로 개발

본격적으로 개발을 검토하는 물건에 쉐어하우스를 접목시켜 보기로 결심하고, 사업성이 좋은 부동산을 찾기 위해 열심히 이곳저곳 발품을 팔기 시작했습니다. 그러나 웬만한 곳은 토지 가격이 상당히 상승한 상태라 수익성에 대한 고민이 컸습니다.

다른 지역도 유사하지만 특히 서울의 경우 상대적으로 토지 가격이 매우 높기 때문에 토지를 잘 골라야 했습니다. 그렇다고 해서 토지 가격이 저렴한 입지가 좋지 않은 곳은 부동산으로써의 상품성이 떨어지기 때문에 좋은 곳에 위치한 적당한 가격의 토지를 찾는 것이 중요했습니다. 처음에는 역세권 위주로 여러 곳을 검토했지만, 좋은 곳에 위치한 곳은 토지 가격이 높아서 사업성이 그다지 좋지 않았고, 저렴한 매물은 입지가 매우 떨어져서 추후 임대에 문제가 있어 보였습니다. 적당한 매물 찾기가 쉽지는 않았습니다.

단점을 장점으로, 투자성 있는 노후주택 잡는 법

노후주택을 매입하여 신축이나 리모델링으로 개발하는 경우 들어가는 투자 원가는 크게 토지 비용과 설계 및 시공비로 나눌 수 있습니다. 이 중 설계비는 전체 비중이 작은 편이라 큰 영향을 주지는 않습니다. 시공비가 많은 비중을 차지하긴 하지만, 시공비를 구성하는 재료비와 노무비는 가격이 거의 고정되어 있어서 사업장마다 큰 차이가 나지는 않습니다. 결국은 토지비가 가장 큰 투자 비용을 차지하므로 좋은 토지를 찾는 것이 가장 중요합니다. 그래서 부동산 업계에서는 수익성이 나오는 토지를 찾은 것만으로도 전체 개발 사업의 절반 이상을 진행한 것이라 말하기도 합니다.

언덕 시작점에 위치한 약수역 물건 사진

최군 님이 이곳저곳 사업장을 찾아다닌 지 2~3주가 되었을 때였습니다. 우연히 방문한 부동산 중개 사무소에서 눈에 딱 들어오는 물건을 만날 수 있었습니다. 해당 물건은 3호선과 6호선의 환승역인 약수역 도보 2분 거리에 위치한 오래된 다가구 주택으로, 그 지역은 동대문 상권 및 중구 업무시설의 직장인 수요가 풍부하고 마포, 강남, 성수 등 서울 전역으로의 접근성이 용이한 곳이었습니다. 동국대학교와도 인접하여 대학생 수요가 풍부하여 쉐어하우스 입주자들의 연령대인 2030과도 잘 맞는 지역으로 판단되었습니다.

위치와 가격은 일단 합격점! 설명을 들은 후 현장을 보는 순간 "바로 이거다!"라는 생각이 들었다고 합니다.

해당 주택은 언덕의 시작점에 위치하고 있었는데 대지 높이의 차이로 인해 아래에서 보면 지하층이 1층 높이에 위치하여 토지의 활용을 극대화할 수 있는 곳이었습니다.

일반적으로 경사지에 위치한 물건의 경우 접근성이 떨어지고 보행 등이 불편하여 인기가 없지만, 해당 사례의 경우 경사지의 초입에 위치한 물건이라 접근성도 용이하다는 장점이 있었습니다. 건축물대장상으로는 지하이지만 실제로는 1층으로 보이기 때문에 상가 등으로 임대하기 유리합니다. 또한, 건축법 상으로 지하층은 용적률 계산에도 포함하지 않기 때문에 더 많이 지을 수 있어서 공간 효율의 극대화가 가능하고 이를 통해 수익률도 좋아집니다. 결국 수익형 부동산 짓기에 매우 좋은 땅이라 할 수 있습니다. 개발하기에 따라서 현재의 단점이 미래의 장점이 될 수 있는 것입니다.

용적률이란?

대지면적에 대한 연면적의 비율로 건폐율과 함께 해당 지역의 개발밀도를 가늠하는 척도로 쓰입니다. 용적률을 산정할 때에는 지하층의 면적, 지상층의 주차용(해당 건축물의 부속 용도인 경우만 해당)으로 쓰는 면적, 초고층 건축물의 피난안전구역의 면적은 제외합니다.

하지만 내 눈에 좋은 것은 남의 눈에도 좋아

보이는 법입니다. 최군 님 외에도 그 물건을 탐내는 사람이 있었습니다. 며칠 전에 같은 부동산에 다녀간 사람이었는데 토지 대금을 절충하기 위해 여러 제안을 해놓은 상태였습니다. 지방에서 분양을 전문으로 한다며, 토지 가격을 낮추기 위해 해당 물건에 트집을 잡고 시간을 끌고 있었습니다. 매물을 가지고 있는 부동산에서도 조금은 지쳐 보였기에 잘 이용하면 계약할 수 있으리라 생각했습니다. 좋은 물건을 뺏길까 봐 걱정도 되었지만 아직 계약을 하지는 않은 상태였으므로 부동산에는 가설계를 하고 나면 이것저것 따지지 않고 바로 계약할 것이란 확신을 주었습니다.

최군 님은 그날 저녁에 가장 신뢰도가 높고 친밀한 투자자에게 해당 물건을 브리핑했고, 바로 의사 결정을 받았습니다. 그리고 그 날 바로 계약금을 송부했고 다음날에는 정식으로 계약서에 도장을 찍을 수 있었습니다. 투자자와 쌓아온 신뢰와 확실한 수익성 계산을 거친 자신감이 좋은 물건을 잡을 수 있도록 해준 것입니다.

5층 규모의 통건물 쉐어하우스를 설계하다

쉐어하우스의 콘셉트는 도심 속의 작은 섬, 나만의 작은 공간인 큐브Cube로 정했습니다. 합리적인 주거비와 쾌적한 주거환경의 밸런스를 찾아 청년 주거의 대안을 제시하겠다는 기획안은 재미있고 보람도 있는 일이었습니다.

리턴 투 큐브 조감도

건물은 총 5층 규모 설계 중입니다. 사업부지의 특성을 이용해 경사진 대지의 단점을 장점으로 바꾸어 지하층은 근린생활시설과 주차장으로 설계했습니다. 또한 주변의 시장 조사를 해본 결과 상가 임대가 잘 되는 지역으로 판단되어 1층과 2층도 근린생활 시설로 설계했습니다. 3층과 4층은 동국대 학생과 3호선 및 6호선을 이용하는 사회 초년생들을 타깃으로 하여 쉐어하우스로 설계했고, 마지막 5층은 투자비 부담을 줄이기 위해 복층 구조로 설계하여 전세로 임대할 계획입니다.

현재는 쉐어하우스로 설계할 3층과 4층의 공간 구성을 어떻게 할지 좀 더 면밀

리턴 투 큐브의 층별 구성

5층 복층	일반전세임대
4층	쉐어하우스
3층	쉐어하우스
2층	근린생활시설
1층	근린생활시설
지층	근린생활시설

쉐어하우스로 사용할 3층과 4층 평면도

하게 검토를 진행 중입니다. 예상 수익률은 임대 수익만 볼 때 8~9% 정도로 추정하고 있습니다. 물론 추후에는 시세 차익도 충분히 가능할 것입니다.

최군 님은 앞으로 새로운 주거 트렌드인 쉐어하우스를 최대한 활용하여, 단순한 중개만이 아닌 새로운 영역으로 사업을 확대할 계획을 가지고 있습니다.

앞으로는 공인중개사들의 업무 영역도 확대가 되어야 할 것입니다. 남들이 하는 것만 해서는 치열한 경쟁에서 살아남기 어려울 것이고, 남들보다 한 템포 빨리 새로운 사업에 진입하여 시장을 선점해야 성공할 수 있을 것입니다. 필자 역시 최군 님의 신축 쉐어하우스 건물에 대한 기대가 큽니다. 하루빨리 큐브하우스가 멋지게 완공된 모습을 보고 싶습니다.

CHAPTER 10

쉐어하우스의 미래 : 일본의 기업형 쉐어하우스들

일본의 쉐어하우스는 이미 1인 가구의 대표 주거 서비스 중 하나로 자리 잡은 상태입니다. 필자의 수강생 가운데도 일본에서 쉐어하우스에 거주해본 경험을 가진 분이 있었는데, 당시의 좋은 기억 덕분에 우리나라에서의 성공 가능성도 매우 높게 평가하였습니다.

일본의 쉐어하우스는 대략 90년대 초부터 생기기 시작했다고 보는 견해가 많습니다. 우리나라에서는 2013년 정도부터 쉐어하우스가 생겨나기 시작했다고 봅니다. '10년 후 한국의 모습이 궁금하다면 일본의 지금 모습을 보라'는 말이 있습니다. 우리의 인구 구성, 경제 성장 등의 양상이 일본의 그것과 비슷한 전개 양상을 띠어 왔기 때문에 나온 말이라 생각됩니다. 실제로 2016년에 통계청에서 발표한 우리나라의 1인 가구 비율은 약 27%였고, 2025년에 30%를 넘을 것으로 조사되었습니다. 일본 통계청에서 2015년에 발표한 자료에 따르면, 일본의 1인 가구 비율이 34.5%였습니다. 이처럼 현재 일본의 쉐어하우스를 살펴본다면, 앞으로 우리나라의 쉐어하우스 전개 방향에 대해 조금은 예측이 가능하지 않을까 하는 생각이 듭니다.

요즈음 일본의 쉐어하우스를 살펴보면, 개인이 운영하는 형태도 많지만 기업형 쉐어하우스가 많이 공급되어 있습니다. 또 우리나라에 비해 종류가 다양한 편으로, 예를 들어 강아지나 고양이를 키울 수 있는 쉐어하우스, 실버 쉐어하우스 외에도 다양한 커뮤니티 기반의 쉐어하우스를 어렵지 않게 발견할 수 있습니다.

필자가 실제로 일본에 방문해 쉐어하우스 시장 조사를 하던 중 특이하다고 생각했던 부분이 입지에 대한 부분이었습니다. 물론 우리나라처럼 주요 도시의 역세권이나 학교 인근에 위치한 경우도 많았습니다. 그러나 하우스 규모가 조금 큰 경우, 대략 100명 이상 수용 가능한 중대형급 규모의 기업형 쉐어하우스는 도쿄의 중심에 위치하기보다는 중심지와 급행 전철로 대략 30~40분 이내의 거리에 위치했고, 지하철역에서 조금은 거리가 있는도보 15분 정도 경우도 많았습니다. 지하철로 말하자면 우리나라의 2호선, 3호선이 아닌 국철 1호선이 다니는 서울 외곽 지역 정도라 생각할 수 있습니다.

이와 관련하여 일본 견학 중 방문했던 몇 곳의 사례를 소개하겠습니다.

시부야로부터 40분, 기숙사 느낌의 쉐어하우스

먼저 소개할 곳은 도큐 덴엔토시선인 이치가오市が尾역 인근에 위치하여 도쿄 중심지인 시부야까지는 급행 전철로 약 40분 정도 걸리는 곳에 있는 쉐어하우스입니다. 2018년 2월에 오픈한 곳으로 건물 전체를 쉐어하우스로 사용 중이며, 규모는 5층 건물에 전체가 1인실로 구성되어 79명이 입주 가능합니다.

월세는 집세와 관리비를 합쳐서 엔화로 73,000 ~ 113,000엔입니다. 한화로는 74만~115만 원 정도입니다.

일본에서 일반적인 부동산을 얻을 경우, 우리나라와는 생소한 비용이나 프로세스가 있는데 쉐어하우스에는 이러한 항목이 상대적으로 적은 편이어서 외국인이나 일본 청년들에게 인기가 있습니다.

우리와 다른 일본의 부동산 관련 비용

- **광열비** : 전기 및 가스 비용으로 관리비와 별도로 내야 함
- **보험비** : 화재 보험 가입비용
- **보증인** : 말 그대로 집을 얻으려면 보증인이 필요함
- **야칭** : 월세
- **시키킹** : 보증금과 같은 개념
- **레이킹** : 보통 야칭의 1회분으로 집주인에게 감사의 뜻으로 내는 비용
- **열쇠 교환비** : 전 입주자가 쓰던 열쇠를 주지 않고, 새로운 열쇠를 만들어주는 비용
- **청소비** : 새 입주자를 위해 청소해주는 비용

흡사 기숙사를 떠올리게 하는 공용공간들

층별 구성을 보면 1층은 부엌, 샤워실, 창고 등 공용공간과 도서관, 힐링룸, 파우더룸 등의 커뮤니티 공간으로 구성되어 있고, 방은 2~5층에 구성했습니다. 구조는 기숙사와 비슷한 형태였는데, 알고 보니 기업에서 쓰던 기숙사를 리모델링하여 쉐어하우스로 운영하는 곳이었습니다.

교외에 위치한 규모가 꽤 큰 일본 쉐어하우스의 경우, 과거에 기업의 기숙사로 사용하다가 시대의 변화에 따라 채용 인력이 줄어드는 등의 이유로 회사에서 제대로 활용하지 못하던 공간을 쉐어하우스 전문 운영사가 매입하거나 위탁받아 리모델링하여 운영하는 형태가 많았습니다.

해당 쉐어하우스는 기업에서 운영하고 있었기에 운영 시스템 및 프로세스가 구축되어 관리되는 것처럼 느껴졌습니다. 그냥 두면 쓸모없는 건물을 쉐어하우스로 개조하여 새로운 가치를 창출한 좋은 사례라 생각되었습니다.

도미토리와 반 개인실이 존재하는 쉐어하우스

두 번째로 소개할 곳은 타마플라자역에서 도보로 19분 거리이며, 시부야역에서는 대략 40분 정도 거리에 위치하고 있습니다. 룸 구성은 도미토리와 반 개인실, 개인실 형태로 수용인원은 32명입니다.

일본의 쉐어하우스는 1인실 외에 도미토리, 반半 개인실 등으로 구성되어 있습니다.

1인실은 우리나라의 1인실과 동일한 개념이고, 도미토리는 보통 한 개의 방에 이층 침대를 여러 개 두어 4~8명이 거주하는 방식이며, 반 개인실은 방에 가벽을 설치하여 각자의 구역에 침대를 두고 생활하는 방식입니다.

월세는 개인실의 경우 관리비와 합쳐서 67,000엔이고, 가장 저렴한 도미토리는 34,800엔 정도입니다. 한화로 환산하면 35만~67만 원 정도로 일본의 물가 수준에 비춰보면 저렴한 편이었습니다. 가격을 낮추기 위해 다인실도 구성한 것으로 생각됩니다.

개별 방은 좁아 보였으나 공용공간인 부엌이 넓었고 세탁실 등도 구비하고

현관과 개인 공간

있어서 생활하는 데 불편하지는 않을 것 같았습니다.

또한 건물 내에 관리인들이 상주하고 있었으며, 관리 상태도 양호하고 전반적으로 깨끗했습니다.

중심지에 위치한 대규모의 쉐어하우스

마지막으로 소개할 쉐어하우스는 도쿄 메트로 에비스역에서 약 9분 거리에 위치한 곳으로, 시부야역에서 한 정거장 거리에 있는 중심지에 소재한 곳입니다. 2014년 8월에 신축하여 오픈한 곳으로 건물 전체의 규모는 지하 1층과 지상 8층이며, 64실로 구성되어 있습니다. 지하와 1층은 커뮤니티 공간으로 배치했고, 2~8층까지가 개인 룸입니다.

월세는 집세와 관리비를 합치면 대략 93,000~140,000엔으로, 한화로 환산

모던한 느낌의 공용공간(상단)과 심플하게 꾸며진 개인공간(하단)

하면 약 94만~142만 원 정도입니다. 전부 1인실로 구성되어 있으며, 방의 크기 및 구조 등에 따라 차등하여 가격을 책정했으며 고층으로 올라갈수록 비쌌습니다. 도심 중심지에 위치하고 전반적인 시설도 세련되고 깔끔했기 때문에 금액이 다소 높은 것으로 생각되었습니다.

이것이 과연 합리적인 가격인지, 입주자들의 만족도는 어떠한지 정확히는 알 수 없었습니다. 그러나 앞서 설명한 쉐어하우스가 기숙사를 리모델링하여 서인지 조금은 답답한 구조였다면, 해당 하우스는 쉐어하우스 전용 건물로 신축했기에 비즈니스호텔 아니면 국내의 고급 오피스텔과 유사한 느낌이 들었습니다. 인테리어는 전반적으로 내추럴한 느낌이었으며, 공용공간은 라운지·파우더룸·부엌·세탁실 등으로 구성되어 있었습니다. 방 사이즈는 생각보다 작았으나 모던하고 깔끔했고, 개인공간보다는 공용공간에 더 신경을 쓴 듯 보였습니다.

합리적인 가격을 추구한다기보다는 직장인을 대상으로 적정한 가격의 주거 서비스를 제공하는 것을 목표로 하고 있음을 느꼈습니다. 전반적으로 공간 곳곳을 알뜰하게 활용하고 있었고, 공간과 동선에 대한 고민이 많이 반영되어 있었습니다.

우리나라에서 한때 치열했던 아파트 브랜딩 경쟁은 남들과 다르게 살고 싶고 품격 있는 삶의 공간을 소구한 결과였습니다. 마찬가지로 국내의 쉐어하우스들도 앞으로는 브랜딩을 통해 젊은 직장인들 사이에서 살고 싶은 공간으로 마케팅하는 것이 중요하리라 생각됩니다.

중대형 쉐어하우스 vs. 소형 쉐어하우스, 개인 쉐어하우스의 운명은?

해외 사례를 살펴보면, 대형 규모의 기업형 쉐어하우스 사례를 어렵지 않게 찾을 수 있습니다. 쉐어하우스의 규모 구분을 명확하게 하기는 어려우나, 대략 정원 10명 이내면 소형, 10~30명 이하면 중형, 50명 이상이면 대형 쉐어하우스라 할 수 있습니다.

국내에서 가장 많은 쉐어하우스를 운영하는 곳은 100호점 가까이 오픈했습니다만, 소형 하우스를 여러 곳 운영하는 형태라 외국의 기업형 쉐어하우스와 동일한 방식으로 보기는 어려울 것 같습니다. 외국의 기업형 쉐어하우스들은 건물당 수용인원이 상당합니다. 《나는 집 없이도 월세 받는다》에서 소개했던 세계 최대 규모의 영국 오크하우스만 봐도, 하나의 건물에 수용 인원이 500명을 넘습니다.

이 같은 대규모 기업형 쉐어하우스가 생긴다고 하면, 개인이 운영하는 쉐어하우스가 경쟁력이 있을까 하는 의문을 가질 수 있을 것입니다. 50~100명 이상의 대형 쉐어하우스는 많은 입주민들을 통한 규모의 경제를 이용해 다양한 커뮤니티와 개별 서비스를 제공하기에 용이해 보이는 것이 사실입니다.

하지만 쉐어하우스의 중요한 탄생 배경 중 한 가지는 공동생활에서 느낄 수 있는 따뜻함과 정입니다. 이것은 개인 운영이 주를 이루는 소형 쉐어하우스의 특징이기도 합니다. 반면에 대형 쉐어하우스들은 이러한 디테일을 구현하기가 쉽지 않습니다.

유럽의 실버 하우스나 대형 및 고급 쉐어하우스의 경우 입주민들이 삼삼오오 파편화될 가능성이 높은데, 어쩌면 이것은 새로운 형태의 고립일 수도 있습니다. 실제로 한 기업과 함께 쉐어하우스 시장 조사를 진행한 결과, 국내의 규모가 큰 법인들이 운영하는 쉐어하우스 거주자들의 주거 만족도가 그다지 높지 않았습니다. 규모가 크고 지점이 많다 보니 입주자 개개인의 특성을 고려하기 어려운 점, 그리고 지점별 직원의 서비스 교육 정도 등에 편차가 큰 점이 원인이 아닐까 합니다.

개인의 경우, 소형에서 중형 규모까지는 운영이 가능하다고 봅니다.

소형 개인 쉐어하우스는 이미 많이 언급했기에 이번에는 중형 규모의 쉐어하우스에 대해 이야기하겠습니다. 언뜻 생각하면 중형 규모의 쉐어하우스가 어중간하다고 여겨질지 모릅니다. 그러나 운영만 잘 한다면 구성원 전체가 '따로 또 같이'라는 모토를 공유하면서 때로는 개인적인, 때로는 비즈니스적인 관계가 가능한 이상적인 규모가 될 수 있을 것입니다.

중형 규모의 쉐어하우스는 신축이나 리모델링으로 쉐어하우스 전용 건물을 만들고, 다인실보다는 1인실 위주로 구성하며 커뮤니티 공간을 적절히 배치하는 것이 필요합니다. 특화된 공용공간을 확보함으로써 입주민들이 개인적으로 친밀하게 지내는 동시에 서로 사적 영역을 인정하고 보장하게끔 할 수 있습니다. 이처럼 입주민 간 적절한 사회적 관계를 유지할 수 있는 환경을 만들어주는 것이 핵심일 것입니다.

쉐어하우스 시장 조사 차 일본을 방문했을 때 인상적이었던 점이 한 가지 있습니다. 이미 쉐어하우스 시장이 상당히 발달했음에도, 미국이나 유럽 같은 초대형 쉐어하우스보다 30명 정도 되는 중형 쉐어하우스의 수가 많다는 점이었습니다.

앞으로는 이러한 쉐어하우스가 일반적인 고시원, 다가구, 원룸 주택에 비해 차별화 요소를 가질 수 있으며, 과거의 주거 서비스를 대체해 나갈 것입니다.

고시원보다는 쉐어하우스에 대한 선호도가 높다는 것은 굳이 설명하지 않아도 다들 아시리라 생각합니다. 또한 저의 경험상 기존의 원룸보다는 쉐어하우스의 1인실이 더 큰 경쟁력을 가지고 있다고 생각합니다. 결국 쉐어하우스 전용 건물을 통해 1인실 위주로 공급한다면 수요와 공급의 경제 원리로 보더라도 충분히 시장성이 있어 보입니다. 이러한 쉐어하우스라면 공실 걱정 없이 충분한 수익을 창출할 수 있을 것입니다.

CHAPTER 11

쉐어하우스 운영자들이 알아두면 유용한 사이트

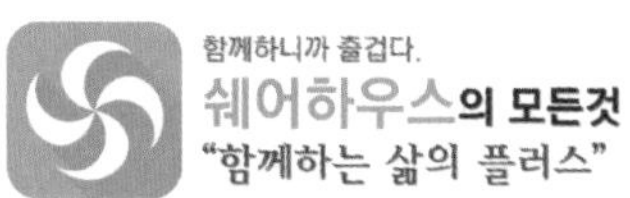

네이버 쉐어하우스 운영자 카페 ‘쉐어하우스의 모든 것’은 국내 1위의 쉐어하우스 운영자 커뮤니티입니다. 쉐어하우스 운영자들이 알아야 할 기본적인 사항 및 운영 노하우를 공유합니다. 쉐어하우스 관련 공부에서부터 오픈 준비, 홍보, 운영과 관련하여 카페 회원들로부터 다양한 도움을 받을 수 있습니다. 실제로 이 책에 소개된 주인공들 또한 카페 회원들에게서 때로는 격려를, 급할 때는 도움을 받으며 성공적으로 쉐어하우스를 운영하고 있습니다.

주소 cafe.naver.com/jyjwjm

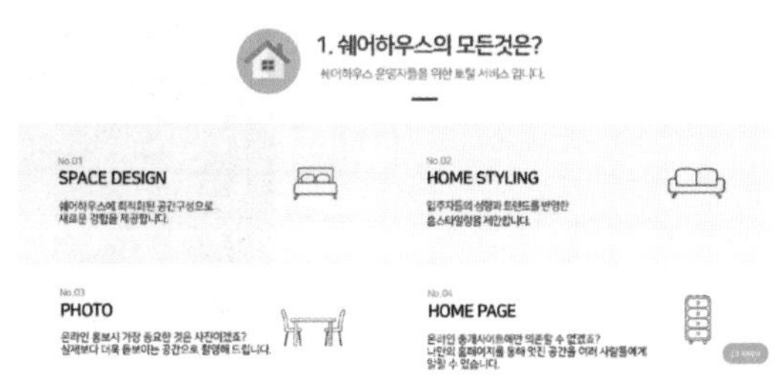

'쉐어하우스의 모든 것'은 쉐어하우스 운영자 서비스도 제공하고 있습니다. 쉐어하우스 오픈 및 운영과 관련한 종합 서비스 사이트로 홈스타일링, 사진 촬영, 홈페이지 제작, 세무 상담, 쉐어하우스 전용 건물 신축 및 리모델링 등에 관련된 도움을 받을 수 있습니다.

주소 www.sharehouseall.co.kr

'쉐어플러스'는 쉐어하우스 입주자와 운영자를 연결해주는 서비스입니다. 인터넷 홈페이지와 구글 플레이스토어, 애플 앱스토어에서 만날 수 있습니다. 입주자 입장에서는 원하는 거주지, 다니는 학교, 성별 등에 따라 자신에 맞는 쉐어하우스를 서칭할 수 있고, 운영자 입장에서는 국내외 많은 입주 희망자와 연결될 수 있다는 것이 장점입니다. 또한 영어와 중국어, 광동어 등 외국어 번역도 지원합니다.

주소 shareplus.co.kr

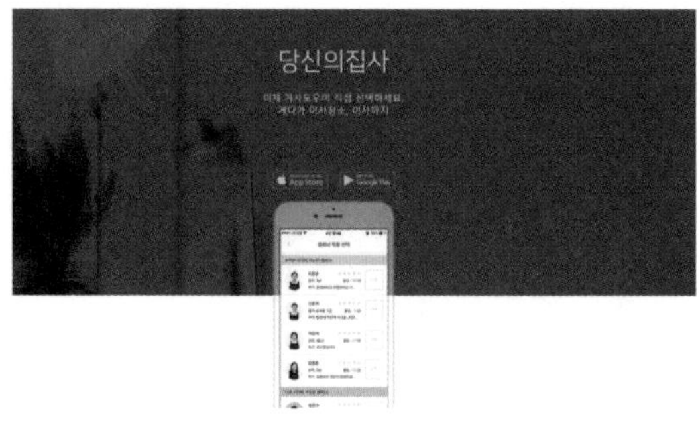

하우스 클리닝 서비스인 '당신의 집사' 또한 운영자에게 유용한 사이트입니다. 하우스 클리너를 연결해주는 플랫폼 서비스로, 가사 청소는 물론 이사와 이사 청소 관련 도우미를 지원받을 수 있습니다. 날짜와 시간을 선택하면 해당 시간에 업무가 가능한 클리너의 이름과 사진, 경력, 리뷰가 소개됩니다.

주소 dangjib.com

'애니맨'은 헬프 및 심부름 서비스 업체입니다. 가구 조립, 집수리 등 자질구레한 일을 대신해줄 전문가를 찾을 수 있습니다. 여성이 쉐어하우스를 운영하거나, 수리가 필요한 데 당장 갈 수 없는 경우에 신원을 보장할 수 있는 전문가가 방문하여 처리해주므로 안심하고 사용할 수 있습니다.

주소 www.anyman25.com

'마타주'는 짐보관 서비스 업체입니다. 이곳은 1인 가구의 짐을 수납 및 보관해줍니다. 원룸 등에서 자취를 하다가 쉐어하우스로 입주하는 경우 가지고 있는 물건을 다 들고 입주하지 못하는 사례가 왕왕 있습니다. 버리기는 아깝고 보관할 장소는 마땅치 않을 때 유용하게 사용할 수 있는 서비스입니다.

주소 matazoo.net

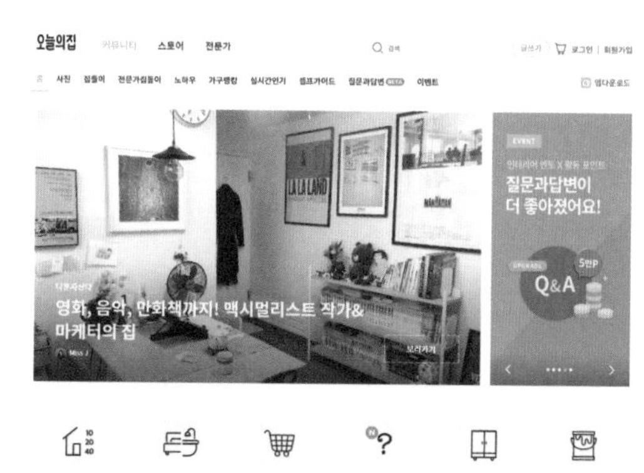

'오늘의 집'은 1, 2인 가구 중심의 커뮤니티형 쇼핑몰입니다. 셀프 인테리어 팁을 공유하고, 유저끼리 온라인 집들이를 하며 원하는 제품을 플랫폼에서 구매할 수 있습니다.

주소 ohou.se

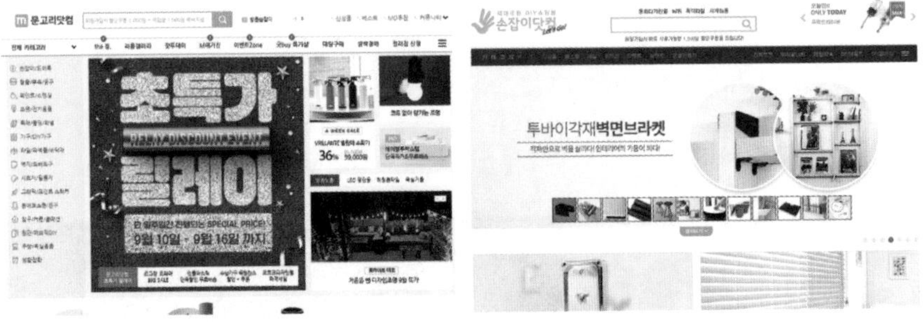

비슷한 이름의 두 사이트, '문고리닷컴'과 '손잡이닷컴'은 셀프 인테리어와 관련된 거의 모든 자재를 구매할 수 있는 곳입니다. 손쉽게 작업이 가능한 다양한 자재뿐 아니라 자재와 관련된 인테리어 팁도 제공합니다. 셀프 인테리어를 하는 분들에게 유용한 서비스입니다.

문고리닷컴 주소 www.moongori.com **손잡이닷컴 주소** www.sonjabee.com

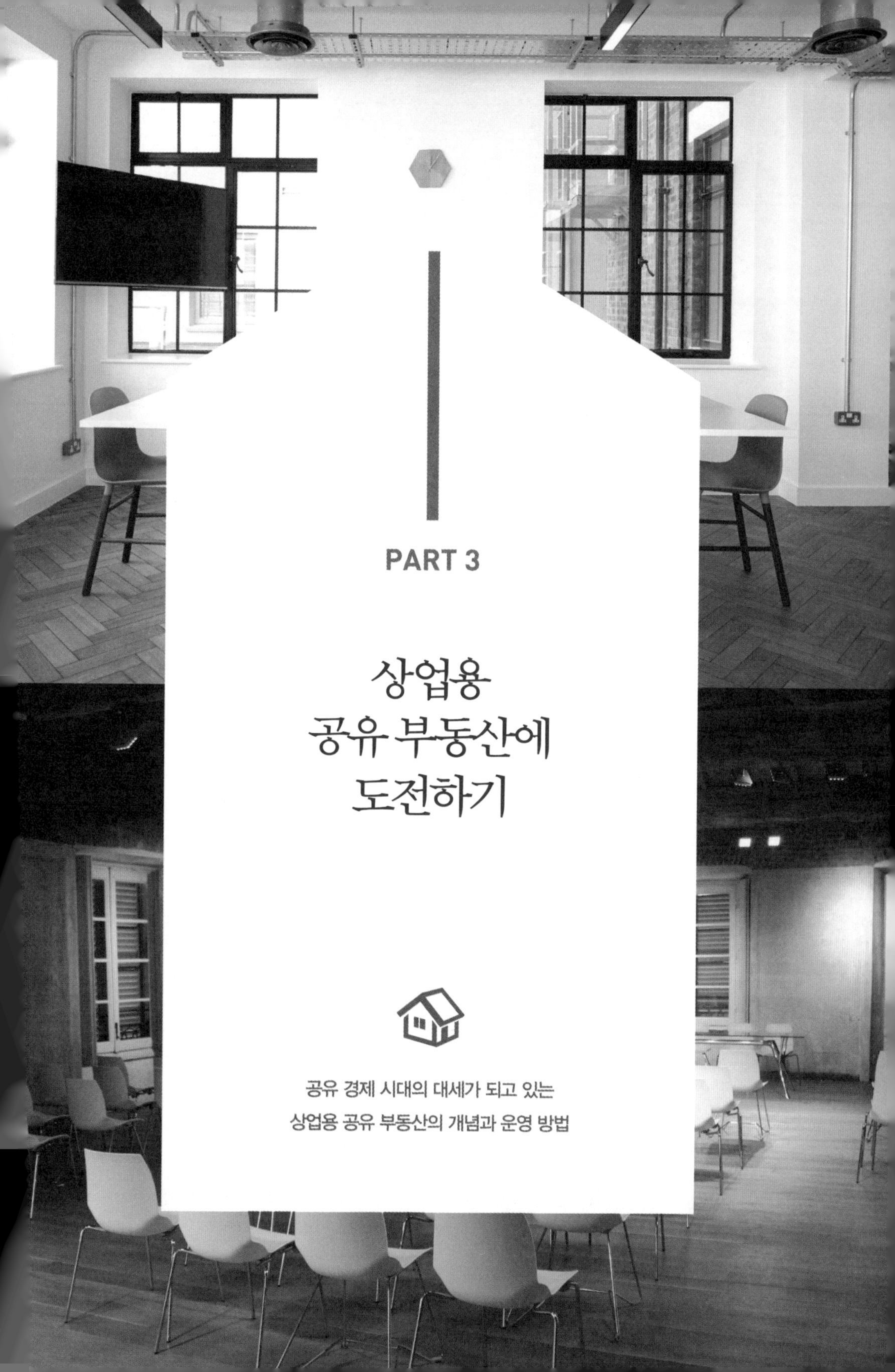

PART 3

상업용 공유 부동산에 도전하기

공유 경제 시대의 대세가 되고 있는
상업용 공유 부동산의 개념과 운영 방법

CHAPTER 1

상업용 부동산의 대표주자 공유 오피스

이번 장에서는 주거용 공유 부동산인 쉐어하우스 외에 상업용 공유 부동산과 그 시장에 대해서 알아보겠습니다. 공유 경제의 확산으로 상업용 부동산에서도 IT와 결합한 다양한 공유 서비스가 생기고 있으며, 시장 규모도 매우 커지는 상황입니다.

상업용 공유 부동산의 종류 중 빠뜨릴 수 없는 것이 바로 공유 오피스입니다. 최근 국내에서도 곳곳에 공유 오피스가 문을 열고 있는데 서울에만 이미 14개 지점을 낸 패스트파이브와 12개 지점을 가지고 있는 위워크가 대표적이며 마이워크스페이스, 스페이시즈, 스파크 플러스 등이 있습니다. 이외에도 강남과

종로를 중심으로 소규모 공유 오피스들도 늘어나고 있습니다.

공유 오피스가 성장하는 시대적 배경

공유 오피스의 성장에는 다양한 이유가 있겠지만, 주된 요인으로는 저성장 시대와 공유 경제의 확산 그리고 일하는 방식의 변화를 들 수 있습니다. 매년 경제 성장을 거듭했던 과거에는 항상 수요에 비해 공급이 부족했습니다. 더군다나 생산성이 가장 중요했기에 그다지 경쟁력을 갖추지 못한 부동산이라도 별다른 문제없이 팔리곤 했습니다. 이러한 시장에서는 임대 수익보다는 매각 차익이 주요 목표가 될 수밖에 없었습니다. 다시 말해, 아파트 분양처럼 적당한 위치에 적당한 가격으로 지으면 무조건 팔리는 시장이었습니다.

하지만 지금 같은 저성장 시대에는 소비여력이 예전만 하지 못합니다. 경쟁력을 갖추지 못한 부동산은 매각은커녕 임대도 잘 이루어지지 않게 되었습니다. 더군다나 도심에 많은 대형 오피스 빌딩이 신축되어 공실률도 상승하고 있습니다. 경기 불황으로 인해 기업의 대규모 채용은 줄어들었고, 그만큼 대형 오피스에 대한 수요도 줄어들었습니다.

반면에 1인 창업이나 소규모 사업체는 지속적으로 늘고 있습니다. 통계청 데이터를 살펴보면, 근로자 10인 이하의 1규모 사업장과 근로자 29인 이하의 2규모 사업장은 1999년부터 꾸준하게 증가한 것을 알 수 있습니다.

또, 일하는 방식의 변화로 인해 과거와 같이 매일 지정된 장소에 출근하거나

소규모 사업장의 증가와 오피스 공실률 전망

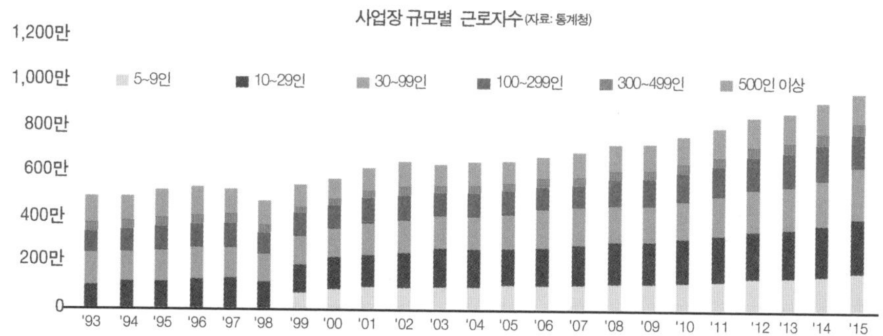

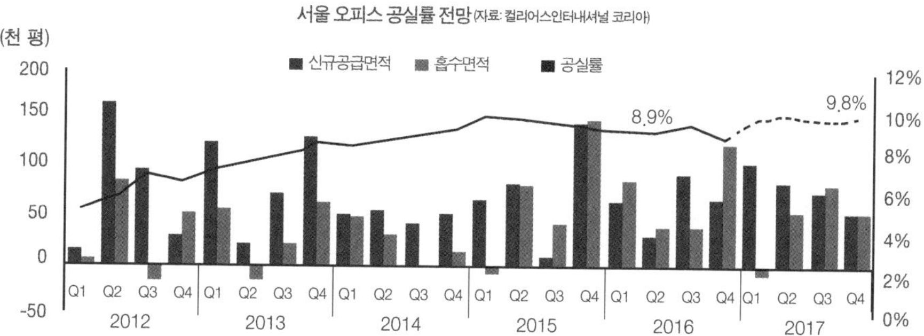

다 같이 모여 회의하는 것이 절대적이지 않게 되었습니다. 앞서 이야기했던 디지털 노마드족 등도 흔해졌습니다.

그 결과 이러한 수요 변화에 얼마나 잘 대응하여, 어떻게 공실을 잘 관리하느냐가 시장에서 살아남을 수 있느냐 없느냐를 결정하는 중요한 요소가 되었습니다.

이러한 사회 경제적 여건 속에서 생겨난 것이 공유 오피스입니다. 공유 오피스가 대중화된 것은 불과 몇 년 사이의 일입니다. 그러나 예전이라고 해서 이러한 공유 오피스가 전혀 없었던 것은 아닙니다.

소호SOHO : Small Office Home Office라는 용어가 1998년도에 생겨났고, 국내에서는 2000년도 초반 '비즈니스 센터'라는 명칭으로 현재의 공유 오피스와 유사한 서비스들이 존재했습니다. 어찌 보면 쉐어하우스의 원조라고 볼 수 있는 하숙처럼, 공유 오피스와 비슷한 서비스가 약 20년 전에도 있었던 것입니다.

대표적인 공유 오피스 서비스들

현재 이러한 공유 오피스의 선두 주자는 국내 기업인 패스트파이브와 미국 기업인 위워크we work 정도를 들 수 있습니다. 패스트파이브는 현재 14지점을 오픈했고, 위워크는 국내에 12개 지점을 운영 중입니다. 최근에는 현대카드나 한화생명 같은 대기업에서도 이러한 시장에 진입했고, 많은 기업들이 진입을 준비 중입니다.

해당 회사들은 국내 특급 요지CBD❶ GBD❷에 약 천평 이상의 공간을 통으로 임차하여, 작은 공간으로 쪼개고 나누어 개인에게 임대하는 전대차 방식으로 사업을 하고 있습니다. ❶CBD : Central Business District(종로 및 중구) ❷GBD : Gangnam Business District (강남 및 서초)

위치는 이면도로 뒤편의 꼬마 빌딩이 아닌 대로변의 프라임급 빌딩에 입주하고 있습니다. 금액은 지역이나 개인 공간, 제공되는 서비스 등에 따라 약간씩 다르지만 50~70만 원 정도면 입주가 가능합니다. 예전에는 특급지의 프라임

빌딩에서는 공유 오피스보다 대기업을 임차인으로 선호했지만 오피스 공실률이 커지고 사회적 흐름이 바뀌면서 이제는 이러한 빌딩에도 많은 공유 오피스가 입점하고 있습니다.

특급 위치와 프라임 빌딩 입점 외에도 세련된 카페 같은 인테리어와 합리적인 가격, 다양한 기업들과의 네트워크가 가능한 점, 풀옵션의 편의시설유무선 인터넷, 복합기, 커피머신, 우편 및 택배 서비스 등이 공유 오피스의 인기 비결입니다. 이러한 서비스 구조를 보면 공유 오피스는 공간 자체만 상업용 오피스일 뿐, 사업 모델은 쉐어하우스와 동일하다고 할 수 있습니다.

현재 국내의 공유 오피스 시장 규모 추정치는 약 1조 원 정도입니다. 중소 규모 기업 및 스타트업 관련자 100만 명 기준×진입률×40만 원×12개월 = 1조 원 (출처 : 부동산 공유 경제 콘퍼런스 중 패스트파이브 대표 발표 자료 참조)

시장 규모도 크고 지속적인 성장이 기대되는 아주 유망한 사업이라 할 수 있습니다.

CHAPTER 2

개인도 접근 가능한 상업용 부동산 집합소, 스페이스 클라우드

앞서 설명한 공유 오피스 시장은 개인이 접근하기에는 힘듭니다. 강남, 종로, 광화문과 같은 특급 위치의 메인 도로에 위치한 프라임급 빌딩의 한 개 또는 두세 개 층을 통으로 임차하여 리모델링해야 하기 때문입니다. 게다가 몇몇 업체가 시장을 선점한 데다, 대기업까지 진출한 상황이기 때문에 이미 개인의 사업 영역을 넘어섰다고 생각합니다.

개인이 접근 가능한 재미있는 상업 공간 비즈니스는 '스페이스 클라우드'spacecloud.kr라는 플랫폼을 통해서 쉽게 만나볼 수 있습니다. 스페이스 클라우드는 개인 거래 및 커뮤니티에서 이루어지던 생활 공간을 서비스화하여 지난

스페이스 클라우드 홈페이지

2014년 9월 론칭했습니다. 호스트가 사용하지 않는 공간 정보를 자유롭게 등록하면 이용자들이 필요한 공간을 시간 단위로 편리하게 예약·결제하고 활용할 수 있도록 돕는 플랫폼입니다.

개인도 쉽게 등록하고 이용할 수 있는 공간 공유 플랫폼

쉐어하우스 관련 서비스를 하면서 유심히 살펴보던 서비스가 '스페이스 클라우드'였습니다. 패스트캠퍼스의 공유 부동산 콘퍼런스 기획 때 제가 스페이스 클라우드의 정수현 대표를 강연자로 초대하자고 제안했고, 이를 통해 좋은 인연을 맺게 되었습니다.

정수현 대표의 이력을 보면, 창업 전 교육시민단체에서의 활동이 인상적입

호스트로 등록하면 누구나 자신의 공간을 공유 · 임대할 수 있다

니다. 창업을 하게 된 계기를 질문했는데 다음과 같은 답변을 해주었습니다.

"청어람아카데미와 사교육걱정없는세상 등 비영리단체에서 5년 정도 일했어요. 대학 관련 정책을 바꾸는 일을 했는데, 동시대 청년들의 '더 나은 삶'에 관심이 많았습니다. 무한경쟁시대에 청년들의 가장 큰 위기는 '삶의 기반과 커뮤니티의 부재'라고 생각하는데 모든 것을 혼자 찾던 중 자연스럽게 공유 공간 분야에 눈을 뜨게 되었습니다. 그리고 우연히 스타트업 행사에서 크리에이터들의 코워킹 오피스에 대한 이야기를 들었는데 새롭고 흥미로웠습니다.

특히 청어람아카데미에서 4년간 교회가 사회에 제공하는 공간의 대관 및 관리 업무를 하면서 수많은 시민, 사회, 문화단체가 공유 공간을 얼마나 잘 사용할 수 있는지를 배웠습니다. 이를 통해 누구나 조건 없이 시작하고, 만나고, 교류할 수 있는 고민이 스페이스 클라우드 창업의 토대가 되었습니다."

현재 스페이스 클라우드의 이용자는 여성이 대부분이고, 20대 사용자 수가 70%를 넘습니다. 즉, 2030 여성들을 위한 서비스라 해도 과언이 아닙니다. 이들의 특징은 IT에 익숙한 세대로 디지털 활용도가 매우 높고, 소유보다는 공유에 익숙하며 경험과 취향·콘텐츠를 기반으로 공간을 소비하는 세대라고 할 수 있습니다. 쉐어하우스의 입주자들과 정확하게 일치하는 고객들입니다.

스페이스 클라우드의 공간 제공자는 큰 규모의 기업보다는 50평 이하 공간을 가진 개인 사업자들이 대부분입니다. 주로 등록된 공간은 회의실, 스터디룸, 파티룸, 레저시설, 공방, 연습실 등입니다. 등록 현황을 좀 더 자세히 살펴보면 약 7천여 업체가 등록되어 있고, 2만 실의 생활 공간이 서비스 중입니다. 이중 가장 큰 비중을 차지하는 것은 파티룸인데, 대략 4천여 개의 파티룸이 등록되어 있습니다.

스페이스 클라우드는 2016년에 네이버의 투자를 받았고 지금도 빠르게 성장하고 있습니다.

CHAPTER 3

가장 수요가 높은 공유 공간, 파티룸

스페이스 클라우드의 서비스 수수료 매출을 기준으로 했을 때 톱3에 드는 카테고리는 파티룸, 스터디룸, 연습실 순입니다. 이중 파티룸은 전체 매출의 50% 이상을 차지할 정도로 비중이 높습니다.

파티룸이라고 하면 파티나 행사에만 사용되는 공간이라고 오해할 수 있습니다. 그러나 최근 젊은 층은 파티룸을 새로운 문화 공간으로 사용하는 추세입니다. 실제로 파티를 여는 경우도 있지만, 워크숍 용도로 쓰기도 하고, 엠티 장소나 팬클럽 · 동호회 모임장소, 브라이덜 샤워 등의 용도로 행복한 순간을 함께 나누고 공유하기 위해 사용하는 경우가 더 많습니다.

파티룸의 운영자들은 이용자들과 비슷한 2030 여성들이 주를 이루며, 이들은 대부분 지역 기반으로 브랜드를 키워나가는 사람들입니다. 일반적인 상가 임차인처럼 권리금 만들기를 목표로 하기보다는 자신만의 브랜드 가치를 만들고 확대하기를 원하는 경우가 많습니다.

뿐만 아니라 자신의 콘텐츠를 공간 공유와 연결시켜 새로운 문화를 만들어내고 있습니다. 디자인, 요리, 음악, 뷰티, 사진 등의 전문성을 기반으로 자신의 콘텐츠를 공간과 연결시켜 '공간 + 콘텐츠+브랜딩'이라는 새로운 문화를 만들어내는 추세입니다.

이번 챕터에서는 현재 성황리에 운영 중인 재미있는 파티룸 몇 곳을 소개하겠습니다.

독특한 도시 MT 콘셉트의 신촌 '이기적'

신촌에 위치한 파티룸 '이기적'spacecloud.kr/space/3433은 대학가 앞에 위치한 특성을 살려, 인생샷 건지기 좋은 도시 MT를 콘셉트로 인기몰이 중입니다. 지하철 3분 거리인 번화가에 위치하여 접근성이 좋으며 삼각

이기적의 공간은 낮과 밤, 완전히 다른 느낌으로 변신한다

대, 셀카봉 등의 사진 촬영 소품과 보드 게임, 빔프로젝터 등을 구비하고 있습니다. 재미있는 경험을 통해 추억을 만들고 사진을 SNS에 공유하는 젊은 세대의 감성을 잘 읽어낸 결과가 아닌가 싶습니다.

참고로, '이기적' 이라는 네이밍은 나만 생각하는 이기적이라는 뜻이 아니라 손님들이 이 파티룸에서 기적 같은 순간을 만들고 갔으면 좋겠다는 의미로 '이기적 같은 순간'을 줄여서 '이기적'으로 지었다고 합니다.

호텔 라운지 같은 세련된 콘셉트의 이태원 '무진장'

이태원에 위치한 '무진장' spacecloud.kr/space/12882은 3층 건물로 반지하층은 파티 공간으로, 1.5층은 카페로, 2층과 3층은 파티룸으로 구성되어 있습니다. 처음부터 건물 전체를 새로운 하나의 공간으로 탄생시키기 위해 공간 설계와 인테리어를 했고 호텔의 라운지를 콘셉트로 하여 손님들이 편안하게 쉴 수 있는 공간을 만들었습니다. 그래서인지 파티룸으로 등록되어 있긴 하지만 파티 외

무진장의 2층 카페 모습

에 영화 촬영이나 워크숍 등의 용도로도 많이 쓰입니다.

무진장은 '다함이 없을 만큼 매우'라는 뜻의 '무진無盡'에 '장場'을 더하여 지은 것으로, 다함이 없는 즐거움과 아늑함, 감동의 공간을 선사하고자 하는 것을 목표로 합니다. 또한 예전에 여관을 불렀던 말, 즉 '무슨 무슨 장莊'의 의미도 포함하여, 잠시 들러서 쉬어가는 편안한 공간이라는 의미도 가지고 있습니다.

주요 이용 고객은 20~30대 직장인들이며, 지역적 특성상 외국인 고객도 많습니다.

영화 촬영 장소로도 사용되는 무진장의 파티룸 내부

모임 외에 워크숍이나 공방 용도로도 사용되는 다락방 구구

창의적인 소통의 공간, '다락방 구구'

북촌에 위치한 '다락방 구구'spacecloud.kr/space/1743는 운영자가 스페인 산티아고 순례길을 1,000km 걸으면서 묵었던 여행자 숙소인 알베르게Albergue에서 영감을 받아 만들었습니다. 다락방 구구에서 구는 입 구口 자로, 입에서 입으로 소통하는 공간이라는 뜻입니다. 높은 나무 천장 아래에 앉아 창의적인 아이디어가 샘솟기를 바라고, 다른 사람의 이야기를 좀 더 귀담아들을 수 있기를 바라는 마음으로 만들었습니다.

다락방 구구(상단)의 2호점 포레스트 구구(하단) 또한 성공적으로 운영되고 있다

예전에 이곳은 피아노 학원이었습니다. 그 공간을 운영자의 경험과 콘텐츠를 통해 완전히 새로운 공간으로 탈바꿈시킨 것입니다.

일반적인 파티나 모임 외에도 교사 연수 프로그램, 미니어처 공방, 연말 와인 파티, 저출산 고령 사회 위원회의 워크숍 장소 등으로 다양하게 활용되고 있습니다. 또한 단순한 공간 대여뿐 아니라 워크숍 케이터링과 와인 케이터링 서비스도 제공하여 공간 활용을 다양화하고 수익도 창출하는 좋은 사례라 할 수 있었습니다. 현재는 1호점인 다락방 구구 외에도 '포레스트 구구'라는 이름으로 2호점을 오픈하여 성공적으로 운영 중입니다.

파티룸을 오픈하려면 : 준비 사항 및 주의할 점

그렇다면 파티룸을 오픈 및 운영하려면 어디서 어떻게 해야 할까요? 파티룸 창업과 관련하여 궁금해할 만한 점을 살펴보겠습니다.

●● 적합한 위치

현재 스페이스 클라우드에 등록된 파티룸의 위치 현황을 살펴보면 젊은 층이 많은 홍대, 합정, 신촌이 단연 압도적으로 많습니다. 매출 상위를 차지하는 파티룸 또한 해당 지역에 위치하고 있습니다. 이외에도 대학가 인근이 파티룸에 적합한 지역입니다.

많은 파티룸이 핫플레이스 지역의 상가 건물 지하층이나 3층 이상의 공간에

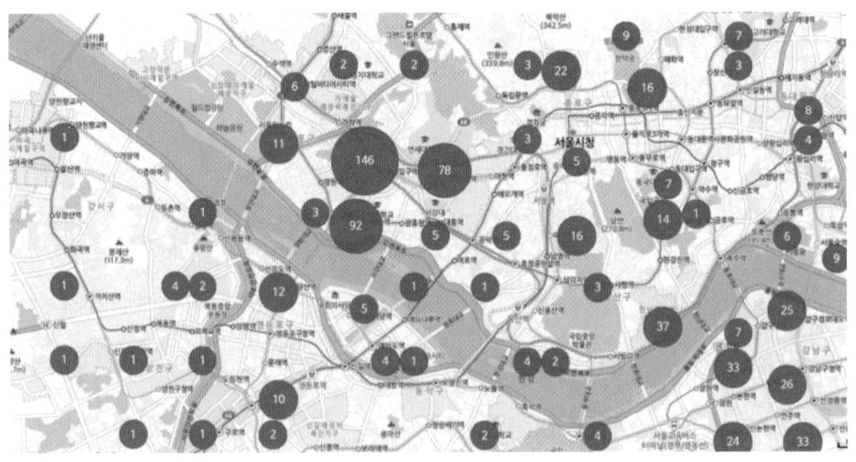

스페이스 클라우드의 파티룸 등록 현황

자리 잡고 있습니다. 1층의 경우 월 임대료에 대한 부담이 큰 데다, 파티룸은 공간 특성상 지나가다 우연히 방문하기보다는 인터넷이나 모바일을 통해 예약하고 찾아오는 고객들이 많기 때문이 아닐까 합니다.

•• 창업 비용과 매출 규모

창업 비용은 입지나 규모에 따라 그 차이가 크지만 대략 2,000만~5,000만 원 정도가 일반적입니다. 규모는 대략 165제곱미터50평 형 이내인 경우가 많으며, 매출은 위치나 운영자의 역량에 따라 큰 차이가 있겠지만 평균 200~300만 원 선입니다. 매출이 좋은 곳은 월 1,200만 원 까지 나오는 곳도 있었습니다.

매출만 살펴보면 다른 업종에 비해서 특별히 높은 것은 아닙니다. 그러나 운영방식이 대부분 무인화되어 있고, 한 명이 여러 곳을 운영하는 형태가 일반적이라 매출에서 월세와 관리비를 제외한 비용이 대부분 수익으로 잡힙니다. 순수익만 보자면 일반적인 음식점이나 소매점 등과 비교했을 때 뒤처지는 수준은 아니었습니다.

공간 운영자들을 살펴보면 전업으로 파티룸만 하는 경우보다는 카페나 편집숍, 스튜디오 등을 운영하는 분이 공간 제공 서비스를 통해 별도의 수익을 창출하거나 직장을 다니면서 무인화로 운영하는 경우가 많았습니다.

•• 사업자 분류 및 반드시 체크할 점

사업자 등록은 일반과세 사업자에 속하며, 주거용 서비스가 아닌 상업용 서비스이기 때문에 부가세 납부 의무도 가지고 있습니다. 주거 시설이 아니기 때문에 주택에서 운영해서는 안 되며, 상업시설에서 사업자 등록을 하고 운영해야 합니다.

사업자 등록과 관련해서는 단지 공간만 빌려주는 형태, 식음료나 주류를 판매하는 형태에 따라 차이가 있습니다. 공간만 빌려준다면 부동산 임대업으로 등록하면 되지만, 간단한 음식 등을 같이 제공한다면 휴게 음식점과 부동산 임대업으로 동시 등록을 해야 합니다. 만약 술을 판매할 경우에는 일반 음식점과 부동산 임대업으로 동시 등록을 해야 합니다.

이러한 업종은 허가·등록·신고 업종 중 신고 업종에 해당되어 영업 허가를 받기 어려운 편은 아니지만 건축물의 용도나 면적에 따라 1종 근린생활시설, 2종 근린생활시설로 분리되기 때문에 반드시 오픈 전에 관할 구청에 확인할 필요가 있습니다. 만약 사업자 등록 없이 주거용 시설인 주택 등에서 영업할 경우, 가산세나 이행 강제금 등을 부과받을 수 있습니다.

사업자 등록이나 법적인 사항 외에 고민해야 할 부분은 소음에 대한 민원과 청소 부분입니다. 방음 설비를 하거나 고객들에게 적절한 가이드를 제공하여 인근 지역에서 민원이 오지 않도록 해야 하고, 공간 대여 시 청소비를 보증금 형태로 받아서 관리해야 합니다. 또 취사나 숙박 등을 허용해서는 안 됩니다. 만약 이러한 행위들이 이루어질 경우 에어비앤비처럼 숙박업 위반으로 벌금 등을 부과받을 수 있습니다. 당연한 이야기지만, 숙박 시설이 아니므로 이불이나 베개 등을 제공해서는 안됩니다.

앞서 소개한 신촌 이기적의 공간 사례

성공한 파티룸들의 공통점

스페이스 클라우드 상위 매출 10% 안에 드는 파티룸의 성공 비결에는 몇 가지 공통점이 있습니다.

첫째, 플랫폼에 대한 이해도가 높고 적극적으로 협업하고 있었으며, 다양한 이벤트를 통해 입소문을 내고 있었습니다.

둘째, 젊은 고객들의 취향을 저격하는 멋진 공간 인테리어를 갖추고 있었으며 불편사항을 접수하면 끊임없이 개선하는 등 고객 만족도를 높이기 위해 노력하고 있었습니다.

앞으로 중형 규모의 커뮤니티 공간이 있는 쉐어하우스들이 많이 생겨날 것입니다. 커뮤니티 공간을 이러한 공간 공유 사업과 연결하여 우리 쉐어하우스만의 새로운 가치를 창출할 수 있다면 확실한 차별화 요소가 될 것입니다.

CHAPTER 4

복합 공간으로 진화하는 스터디룸과 회의실

파티룸 다음으로 스페이스 클라우드에 많이 등록되어 있는 카테고리는 스터디룸과 회의실입니다. 과거엔 대학생의 경우 학교 선후배 중심의 동아리 모임이 많았고, 직장인들은 온라인 카페 동호회 등 규모가 큰 커뮤니티를 기반으로 모이곤 했습니다. 하지만 동아리 활동을 위해서는 가입을 해야 하고 각종 행사에 참석해야 하는 데다 선배의 눈치도 보이는 등 어느 정도 부담이 있는 것이 현실입니다. 규모가 큰 카페 동호회의 경우 자칫 소외되기 쉬우며, 젊은 사람들의 파편화되고 다양한 기호를 맞추기 어렵습니다.

이렇다 보니 손쉽게 사람을 만날 수 있지만 지속적인 인간관계 유지에 대한 부담이 적은 소규모 모임들이 모바일 앱이나 SNS를 통해 만들어지고 있습니다. 또한 최근 극심한 취업난으로 인해 입사를 위한 면접 스터디 모임, 어학 스터디 등도 많이 생겨나고 있는데 이러한 안타까운 사회 현실도 소규모 모임이 많아지는 하나의 촉매제 역할을 하고 있는 것 같습니다. 직장인의 경우도 마찬가지입니다. 취업에 성공했다고 끝나는 것이 아니라 자기 자리에 대한 불안감 때문에 직무 등 전문성 개발 스터디에 참석하거나 강의를 듣는 경우가 많습니다. 또, 최근에는 주 52시간제로 인해 저녁시간을 활용한 다양한 취미나 동호회 모임도 활성화되고 있습니다.

이러한 현상이 반영되어 소규모 모임이나 스터디, 강연 등이 가능한 장소 대여 서비스가 늘어나고 있습니다. 최근의 장소 대여 서비스를 보면 한 가지 용도보다는 여러 가지 복합 공간으로 진화하는 경우가 많은데, 이러한 공간 몇 곳을 소개하겠습니다.

두 마리 토끼를 잡은 하이브리드 공간, '강남 일등 스터디룸&파티룸'

역삼역 인근에 위치한 '강남 일등 스터디룸&파티룸'은 스터디룸과 파티룸을 동시에 서비스하는 곳입니다. 지역에 따라 차이가 있긴 하지만 스터디룸은 낮 시간에 예약이 많은 편이고, 파티룸은 밤 시간에 예약이 많은 것이 일반적입니다. 공간 대여 사업의 핵심은 얼마나 비는 시간 없이 운영할 수 있느냐인데 이곳은 고객의 요구에 따라 때로는 스터디룸으로, 때로는 파티룸으로 그에 맞

스터디룸(상단)과 파티룸(하단)으로 두 가지 활용이 가능하도록 공간 및 집기를 구비하였다

는 공간을 제공합니다.

기본적으로 책상, 의자 및 프로젝터 제공 등을 통해 스터디나 소규모 모임이 가능한 공간을 제공하고 다양한 음향, 마이크, 조명 등 기타 시설을 옵션으로 제공하여 웬만한 파티 모임도 가능하도록 하고 서비스하고 있습니다.

진정한 복합 문화 공간 '소셜팩토리'

소셜팩토리는 파티룸에서 시작하여 현재는 복합 문화 공간으로 자리 잡은 재미있는 곳입니다. 현재 복합 문화 공간 서비스를 제공하는 8개 지점을 운영 중이며, 파티룸 지점도 10여 곳이 넘습니다. 물론 처음부터 크게 시작한 것은 아니었습니다. 시작은 작은 파티룸이었던 것이 지금의 규모에 이르게 되었습니다.

지점마다 특성이 조금씩 다르기는 하지만 '소셜팩토리'는 단순한 회의실만 제공하는 것을 넘어서서 복합 문화 공간을 추구하고 있습니다. 예를 들어, 스터디 카페 개념을 차용해 카페, 스터디룸, 코워킹 스페이스, 네트워킹 공간 서비

스를 함께 제공하는 지점도 있습니다. 어떤 지점은 건물 4개 층을 통으로 임차하여 1층은 카페, 2층과 3층은 소규모 모임 공간, 4층 대규모 강연 등이 가능한 공간으로 플로어 플랜Floor Plan을 구성하였습니다. 이를 통해 층별 특성을 살리는 한편, 전체적으로 시너지를 만들어 내고 있습니다.

또한 주목할 것은 소셜팩토리가 운영하는 자체 콘텐츠 서비스입니다. 청소년 및 대학생 대상의 전공 진로 멘토링 서비스인 '메이저리그 스쿨'을 통해 다양한 프로그램과 강연 등을 제공하고 있습니다. 소셜팩토리는 이 같은 내부 콘텐츠를 통해 새로운 사업 기회를 창출하며 공간 활용도 극대화하고 있습니다. 즉, 온라인 콘텐츠를 이용해 다양한 프로그램을 만들고, 이를 오프라인 모임으로 끌어옴으로써 공간 서비스와의 시너지를 극대화하고 있는 것입니다.

회의실 및 스터디룸 공간 서비스를 위해 알아두어야 하는 것들

이러한 공간 서비스의 경우 수용 가능한 규모에 따라 주요 용도를 나누어 볼 수 있습니다. 4~5인실의 경우 스터디룸으로 많이 쓰이고, 10인실 내외는 소규모 모임, 30인실 이상의 경우 강의실 용도로 사용되는 경우가 많습니다.

지역적 특성도 크게 작용합니다. 예를 들어 신촌은 주말보다는 평일, 저녁 시간보다는 낮 시간에 수요가 많으며, 강남 지역의 경우 그와는 반대로 평일보다는 주말, 낮 시간보다는 저녁 시간에 수요가 많습니다. 홍대의 경우 대학 상권으로 생각하여 신촌과 비슷할 거라 생각하기 쉽지만, 실은 신촌보다는 강남과 유사한 특징을 보입니다. 그 이유는 홍대 근처는 대학 상권이라기보다 일반 상권이며, 그중에서도 강남과 같은 관광 및 유흥의 핫플레이스이기 때문입니다.

복합 공간 서비스는 규모와 장소 등에 따라 주요 용도와 고객이 달라지므로

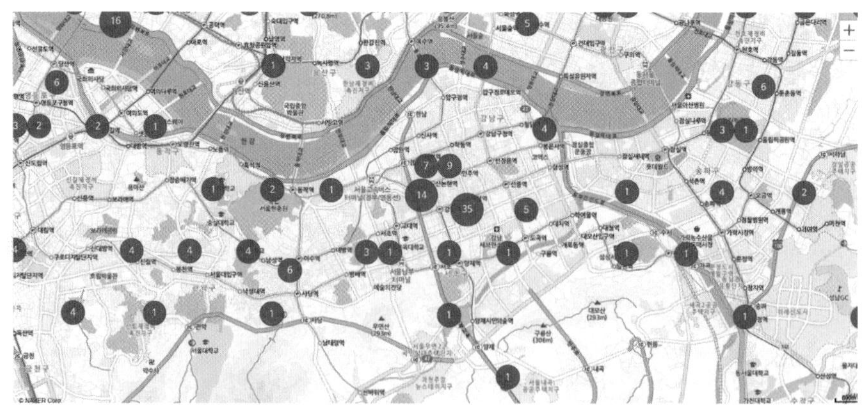

스페이스 클라우드의 스터디룸 등록 현황

어떠한 고객들을 대상으로 어떠한 방식으로 사업을 시작할지 반드시 철저한 지역 수요 조사가 필요합니다.

•• 일반적인 창업 규모와 매출

어느 정도의 규모로 시작할 것인지 결정하는 것도 중요합니다. 1인이 혼자 운영하는 형태로 하려면 40평 이하가 적합하고, 직원이나 아르바이트생을 활용하여 시스템적으로 운영하려면 그 이상이 되어야 합니다. 40평을 쪼개어 4인실 회의실, 10인실 회의실 등으로 만들어 운영하게 되는데, 일반적으로 전체 평수가 40평을 넘지 않을 경우 직원이나 아르바이트생의 인건비를 맞추기 어려울 수 있습니다. 여기서 40평이란 기본적으로 필요한 물리적인 최소 평수 정도로 생각하면 되겠습니다.

사업자 등록 시에는 대개 장소 임대업으로 등록하는 경우가 많습니다. 대개 시간 단위로 임대하는 경우가 많기 때문입니다. 그러나 식음료 등을 제공할 경우 앞서 말한 파티룸과 마찬가지로 휴게 음식점이나 일반 음식점 등의 사업자 등록도 해야 합니다. 그렇다면 임대와 식음료 매출 중 더 많은 비중을 차지하는 것은 무엇일까요? 일반적으로는 공간 임대를 통한 매출이 더 큽니다. 하지만 앞으로는 식음료 부분의 매출이 성장할 가능성도 있어 보입니다.

예를 들어, 최근 PC방 창업 경향을 보면 예전과 달리 카페형, 레스토랑형 등 식음료 사업과 결합한 형태가 많습니다. 이러한 PC방의 경우 게임방 사용료 매출보다 오히려 식음료 판매 매출이 더 크다고 합니다.

단, 작은 규모로 운영할 경우 식음료 서빙 등으로 인한 인건비 부담이 커질

수 있기 때문에 인건비 증가와 식음료 매출에 대한 손익 계산을 통해 서비스 제공 여부를 결정할 필요가 있겠습니다.

••창업 비용과 성공 요인

제가 살펴본 바로 회의실 및 스터디룸들은 지하층에 위치한 경우가 가장 많았고, 혹은 3층이나 4층 이상에 자리 잡은 경우도 많았습니다. 대부분의 고객이 즉흥적으로 방문하기보다는 인터넷 등을 통해 정보를 접한 후 사전 예약을 통해 찾아오므로 1, 2층에 비해 임대료 부담이 적은 층수를 선택하는 것입니다. 층수보다는 모임 참가자들의 접근성이 더 큰 경쟁력이 되므로, 역세권 5분 거리 이내의 지하나 3층 이상에 위치하는 것으로 생각됩니다.

창업 비용은 위치와 규모 그리고 사업 콘셉트나 방식 등에 따라 천차만별이라 딱 얼마라고 이야기하기 어렵습니다. 일반적인 음식점이나 카페 등에 비하면 상대적으로 적게 들어가는 것으로 조사되었는데, 보증금을 제외하고 대략 3,000~5,000만 원 정도가 일반적입니다.

이러한 회의실 및 스터디룸의 성공에는 부동산 고유의 특성인 좋은 위치와 세련된 인테리어 외에도 운영력이 관건입니다. 이 점은 쉐어하우스와 매우 유사해 보입니다. 자체적인 콘텐츠를 가지고 있거나, 공간 대여 외에 추가로 제공할 수 있는 서비스를 적절히 결합하고, 비어있는 시간을 줄이기 위한 아이디어가 있다면 일반적인 리테일이나 프랜차이즈 창업보다 훨씬 운영하기 수월하고 투자비도 적게 드는 업종이 아닐까 합니다.

EPILOGUE

•

불과 몇 년 전만 해도 쉐어하우스라는 이름만 달면 입주자를 모집하는 데 별 문제가 없었던 것이 사실입니다. 2016년 봄에 쉐어하우스 포털을 오픈했을 당시의 일입니다. 쉐어하우스 운영자에게 '귀사의 쉐어하우스 데이터를 등록하는 것이 어떻겠냐'고 연락하면 '지금도 잘 운영 중인데, 왜 그곳에 데이터를 올려야 하냐?'는 반응이 돌아오기 십상이었습니다. 또 입주자를 소개하기 위해 문자를 보냈는데 묵묵부답인 경우도 종종 있었습니다. 입주자 모집이 워낙 잘 되던 시절이라 크게 관심이 없었거나, 만실이었을 가능성도 있습니다.

그랬던 상황이 이제 조금씩 지역에 따라 변화가 생기고 있습니다. 쉐어하우스 시장 역시 슬슬 경쟁에 접어들고 있는 것입니다.

그런데도 아직 아무런 준비도 없이 무턱대고 쉐어하우스를 오픈하는 분이 많습니다. 아마도 '쉐어하우스가 별 건가, 그냥 방 별로 쪼개서 임대 놓으면 되는 거잖아'라고 생각했을 것입니다.

이런 안이한 접근 방식으로는 점점 더 성공적으로 운영하기가 어려워질 것입니다.

쉐어하우스는 일반적인 부동산 임대와는 다른 점이 많습니다. 입지 선정, 인테리어, 부동산 계약, 입주자 모집 및 홍보, 입주자들과의 소통도 대부분 직접 다해야 합니다. 필자가 강의하기 전까지, 이러한 준비 과정을 체계적으로 알려주는 곳은 거의 없었습니다. 대부분의 업체들은 컨설팅을 통해 수익만 창출하려 하거나 대행 운영을 해주겠다며 수수료만 취하는 경우가 많았습니다.

세상에 쉬운 일은 없고, 나의 일을 그냥 대신해주는 사람도 없습니다. 어떤 사업을 하려고 한다면 스스로 공부하고 준비해야 합니다.

비록 제한된 지면 때문에 디테일한 준비 과정을 모두 담을 수는 없었지만, 이 책의 사례자들은 모두 책을 읽고 강의를 듣고 운영자 카페에서 서로 정보 공유도 하면서 철저히 준비하여 오픈하고 운영 중인 분들입니다.

이러한 과정이 있었기 때문에 현재 공실 없이 운영을 하고 있는 것이고, 이렇게 성공 사례로도 소개되는 것입니다.

쉐어하우스 운영 방식에 정답은 없습니다. 개개인의 역량과 환경이 다르기 때문에 그에 맞추어 운영하며, 개인별 맞춤 운영 방식을 정해야 합니다. 이 책에서 소개한 사례를 보더라도 운영자의 성향과 잘하는 것이 무엇인지 등에 따라 다양한 방식으로 하우스를 운영하고 있음을 알 수 있습니다.

그렇더라도 쉐어하우스 운영을 위해 꼭 필요한 기본과 원칙은 있습니다. 기본과 원칙은 꼭 준수하며, 부족한 부분은 도움을 받으면 됩니다. 사례에 소개된 운영자들도 모든 영역을 다 잘한다거나 직접 모든 일을 해온 것은 아닙니다. 부족한 분야는 도움을 받아 오픈했고, 운영 중에도 마찬가지였습니다.

책 속 사례자들은 저를 통해 쉐어하우스에 입문했지만, 저 또한 이분들에게 많은 것을 배우고 있습니다. 쉐어하우스에 관심을 가지고 이 책을 읽었다면 지금까지 소개한 사례를 통해 간접경험 후 철저히 준비하기를 바랍니다.

이 책을 통해 입주자들이 정말 살고 싶은 양질의 쉐어하우스가 많이 공급되어 공유 경제의 핵심 주거 서비스인 쉐어하우스가 우리나라의 1인 가구 주거를 일정 부분이나마 책임져주었으면 합니다.

또, 이번 책에서 소개한 스페이스 클라우드의 다양한 공간들이 많은 분들에게 알려져서 죽어있던 상업용 공간들이 다양한 용도로 새로운 가치를 부여받길 원합니다.

끝으로 이 책이 나올 수 있도록 아낌없이 사례를 공유해주신 신주부 님, 큼복이 님, 바다유 님, 채운 님, 윤주희 님, 그린하우스 님, 후니가이 님, 하루 님, 최군 님, 파티룸 이기적, 무진장, 다락방 구구, 강남 일등 파티룸&스터디룸, 소셜팩토리, 박세관 세무사님, 스페이스 클라우드 정수현 대표님, 패스트캠퍼스 이호일 매니저님, 김지훈 팀장님, 이강민 대표님에게 진심으로 감사의 인사를 드립니다.

APPENDIX

•

자주 받는 질문들 Q&A

관리비는 어떻게 책정해야 하나요?

관리비 책정 방식은 두 가지가 있습니다. 매달 정해 놓은 금액을 부과하는 정액제 방식과 사용한 만큼 나누어내는 1/N 방식이 그것입니다. 어느 것이 좋다, 나쁘다 할 수는 없습니다.

•• 정액제 방식

정액제 방식의 경우 운영자 입장에서는 관리가 편하지만 여름이나 겨울의 경우 전기료나 난방비가 부과한 금액보다 많이 나올 수 있습니다. 입주자 입장에서는 월세에 포함하여 계산하기 때문에 사용료를 많이 낸다고 생각할 수도 있습니다. 정액제로 운영할 경우 반드시 최대치 금액을 정해두고, 그 기준을 넘길 경우 1/N로 부과한다는 등의 규칙을 정해두어야 합니다.

•• 1/N 방식

사용한 만큼 나누어내는 1/N 방식의 경우 운영자 입장에서는 매달 다른 금액을 계산해서 청구해야 하기 때문에 좀 귀찮기도 합니다. 입주자 입장에서는 쓴 만큼 내기 때문에 합리적이라고 생각하는 경우가 많은 것 같습니다.

사용료 외에 보증금은 얼마나 받아야 하나요?

보증금 책정은 운영자 마음입니다. 하지만 일반적인 경우 보통 2달 치 월세를 받는 경우가 많습니다. 보증금을 많이 받으면 일반적인 월세와 차이가 없고, 입주 기간 또한 일반 월세에 비해 상대적으로 짧기 때문입니다.

생필품은 어디까지 제공해 주어야 하나요?

1년 전까지만 하더라도 생필품을 제공해주는 곳은 많지 않았습니다. 하지만 가장 쉽게 쉐어하우스를 차별화할 수 있는 방법으로 생각되어 최근에는 생필품을 지급하는 곳이 많아졌습니다. 결론은 해도 되고 안 해도 된다는 것입니다.

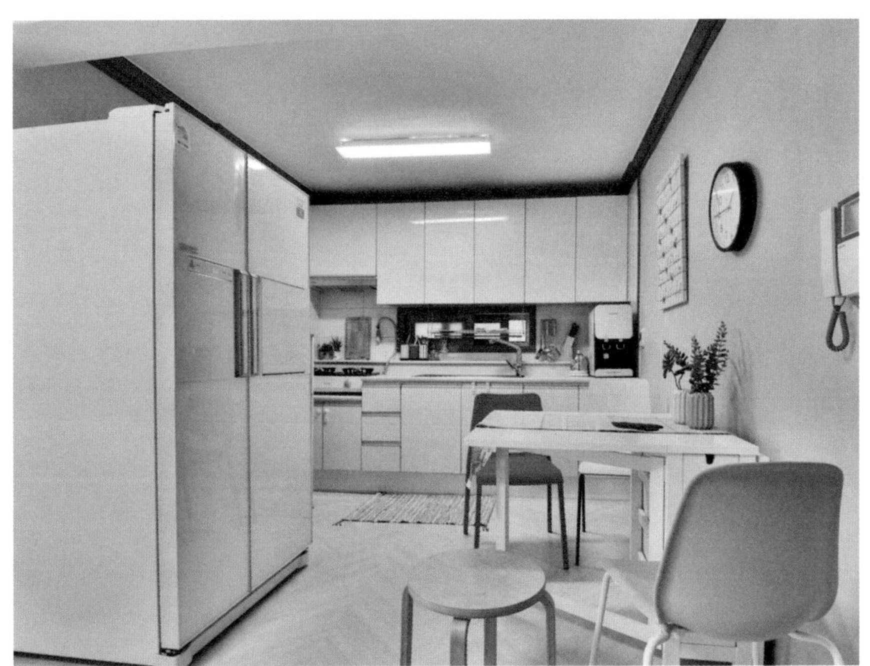

자신이 운영하거나 운영할 지역의 상황은 어떠한지 판단하고, 만약 인근 쉐어하우스에서 많이들 제공하고 있다면 본인의 쉐어하우스에 이와 다른 차별화 서비스가 있는지 등을 고려하여 결정하면 됩니다. 다만, 비용도 비용이지만 대부분 소모품이라서 자주 구매해야 하는 등 손이 많이 가는 단점이 있습니다.

쉐어하우스는 오리엔테이션도 해야 하고 입주자들과의 교류가 중요하다던데, 자주 방문하는 게 좋을까요?

저는 자주 방문하는 것보다는 필요할 때 방문하는 것이 좋다고 생각합니다. 솔직히 입주자 입장에서 운영자가 너무 자주 방문하면 불편할 수 있습니다. 운영자나 입주자의 성격 등에 따라 다르겠지만, 직업적으로 운영하려면 적당한 거리를 유지하는 것도 방법입니다. 다만, 방문 요청 등이 있다면 지체하지 말고 방문하여 의견을 듣고 이슈를 해결해주어야 합니다. 쉐어하우스는 임대업인 동시에 서비스업의 성격을 가지고 있기 때문입니다.

쉐어하우스는 여성 전용이 많던데 남성이 운영해도 될까요?

운영자의 성별이 그다지 중요하다고 생각하지는 않습니다. 물론 동성일 경우 유리한 부분도 상당히 많습니다. 그러나 쉐어하우스는 서비스업의 성격이 강하기 때문에 성별보다는 서비스 마인드를 갖추었느냐 여부가 더 중요합니다. 실제로 여성 전용 하우스를 운영하는 남성들이 상당히 많이 있고, 대부분 별문제 없이 잘 운영 중입니다. 성별의 차이보다는 개개인의 마인드와 역량의 차이가 관건이 아닐까 합니다.

지방에서도 쉐어하우스가 가능할까요?

물론 가능합니다. 다만, 월세가 많이 저렴하고 임대가 잘 안 나가는 곳은 피해야 합니다. 지방의 경우 서울보다 수요가 적기 때문에 수요 조사를 충분히 하는 것도 중요합니다. 상대적으로 수요가 튼튼한 곳은 대학교 인근입니다. 만약 지방에서 쉐어하우스 오픈을 구상 중이라면 이러한 지역을 찾아보는 것이 좋겠습니다. 지방이라 해도 광역시나 도청 소재지 정도의 규모라면 수요가 충분히 있다고 생각합니다.

블로그는 이미 운영하고 있는데, 홈페이지가 따로 필요할까요?

앞으로 쉐어하우스가 더 많이 생길 것입니다. 불과 얼마 전만 하더라도 특별한 홍보가 없어도 방이 잘 나갔지만 앞으로는 잘되는 곳과 안 되는 곳이 분명해질 것입니다. 저 또한 플랫폼을 운영하고 있지만 개인 쉐어하우스도 브랜딩을 해야 하는 시기가 왔습니다. 사실 다른 개인 사업도 마찬가지입니다. 홈페이지는 간판과 같습니다. 간판이 있는 상점과 없는 상점 중 어디에 더 많은 손님이 방문할까요? 신경 쓰고 노력하는 만큼 고객은 찾아옵니다.

입주민들끼리의 분쟁은 어떻게 해결하나요?

가장 어려운 일이며, 케이스별로 모두 다릅니다. 이런 문제는 초기에 해결하는 것이 가장 좋습니다. 하지만 당사자들이 운영자에게 알리지 않아서 일이 커진 후 운영자에게 불똥이 튀는 경우도 있고 분쟁을 목격하고도 외면하는 경우도 있습니다. 또, 사용료에 대한 욕심으로 초기에 퇴실 조치를 하지 않아 일이 커지는 경우도 많이 보았습니다.

분쟁이 발생한 경우 시비를 판단하기 어려운 것이 대부분입니다. 이에 대해서는 계약 전에 분쟁 발생 시 쌍방이 모두 퇴실한다는 설명을 사전에 해두는 것이 좋습니다. 어쨌든 이런 일이 생기면 입주자, 운영자 모두 피해를 볼 수밖에 없습니다.

청소 서비스를 제공하는 것이 좋을까요?

요즘은 청소를 해주는 경우가 많습니다. 집이 깨끗하지 않으면 신규 입주자 모집도 어렵고 기존 입주자의 재계약 확률도 줄어듭니다. 시간적 여유가 있다면 직접 하는 것도 괜찮겠지만, 직장인이라면 청소 대행 서비스를 이용하는 것도 고려해볼 만합니다. 솔직히 쉐어하우스 입주자들이 자발적으로 해주면 좋겠지만, 실은 누구도 나서서 하려 하지 않는 것이 현실입니다. 최근에는 필요한 시간만큼만 이용할 수 있는 청소 도우미 앱들도 많으니 활용해보는 것도 방법입니다.

집 없이도 쉐어하우스로 제2의 월급 받는 사람들

초판 1쇄 발행일 2018년 10월 8일 • 초판 2쇄 발행일 2019년 5월 15일
지은이 함께하는삶(김진영)
펴낸곳 (주)도서출판 예문 • 펴낸이 이주현
등록번호 제307-2009-48호 • 등록일 1995년 3월 22일 • 전화 02-765-2306
팩스 02-765-9306 • 홈페이지 www.yemun.co.kr

주소 서울시 강북구 솔샘로67길 62 코리아나빌딩 904호

ISBN 978-89-5659-351-7 03320